다가본과 함께하는 태양계 여행

초등과학Q는 과학의 기본 개념을
말랑말랑하게 풀어낸 세상 친절한 과학 해설서예요.
핵심을 찌르는 재치 넘치는 질문! 웃음이 가득한 탐구 과정!
재미있는 글과 그림을 따라가면 암호문 같은
과학 교과서가 술술 읽힐 거예요.

초등과학Q 10

우주 홈쇼핑

다가본과 함께하는 태양계 여행

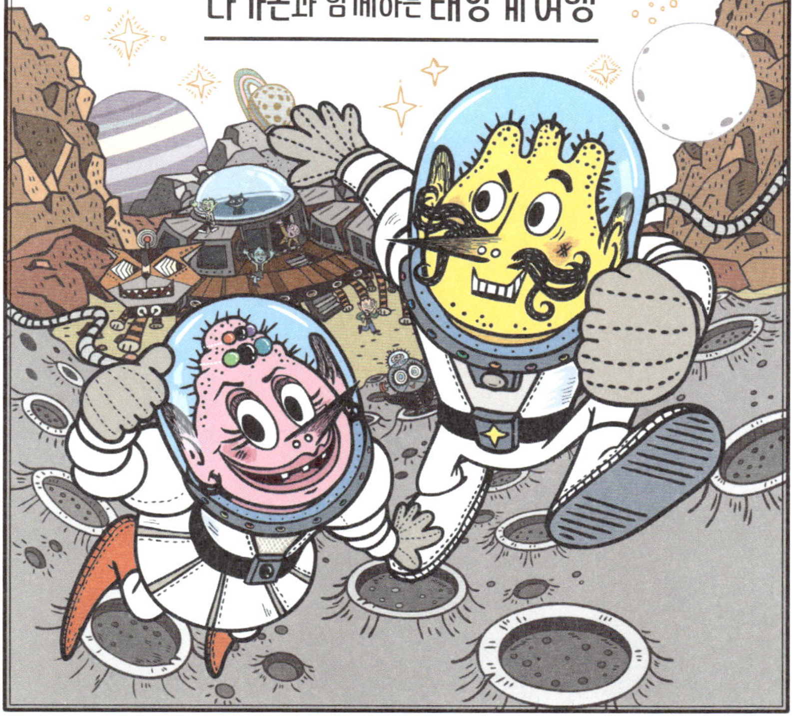

장형규 글 김이랑 그림 이정모 감수

그레이트 BOOKS

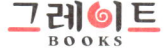

이곳은 지구에서 까마득하게 먼 행성, '레인보우자나'예요. 다양한 생명체가 살고 크기와 자연환경이 지구와 비슷하지요.

하지만 지구와 다른 점도 많아요.
그중 가장 눈에 띄는 것은 행성인들의 생김새지요.
피부색이 무지개처럼 다양하거든요.
신기한 점은 행성인 대부분이 대머리라는 거예요.
가끔 머리카락이 자라는 행성인도 있지만,
머리 감는 게 귀찮아서 다들 깔끔하게 밀어 버리죠.

프롤로그-태양계 4

첫 번째 여행지-태양 18
Q 태양은 왜 활활 탈까?

두 번째 여행지-수성과 금성 30
Q 수성은 왜 낮과 밤 기온 차이가 심할까?
Q 금성은 왜 밝게 빛날까?

세 번째 여행지-지구 42
Q 왜 지구에만 생명체가 살까?

네 번째 여행지-화성 62
Q 화성은 왜 붉은색일까?

다섯 번째 여행지-목성 72
Q 목성에는 정말 땅이 없을까?

여섯 번째 여행지-토성 84
Q 토성의 고리는 무엇으로 이루어져 있을까?

일곱 번째 여행지-천왕성과 해왕성 94
Q 천왕성과 해왕성에선 왜 방귀 냄새가 날까?

에필로그-별 이야기 106

태양의 가족을 소개합니다!

🧑 좋습니다! 태양계, 어떤 곳인가요?

👤 네, 시작할까요? 우선 **태양계는 태양의 힘을 받는 천체들이 움직이는 곳이에요.** 다시 말해 태양과 태양의 가족이 사는 곳이라고 이야기할 수 있죠.

🧑 태양의 가족! 정말 귀에 쏙쏙 들어오는 표현이네요. 그곳에선 어떤 천체들을 볼 수 있나요?

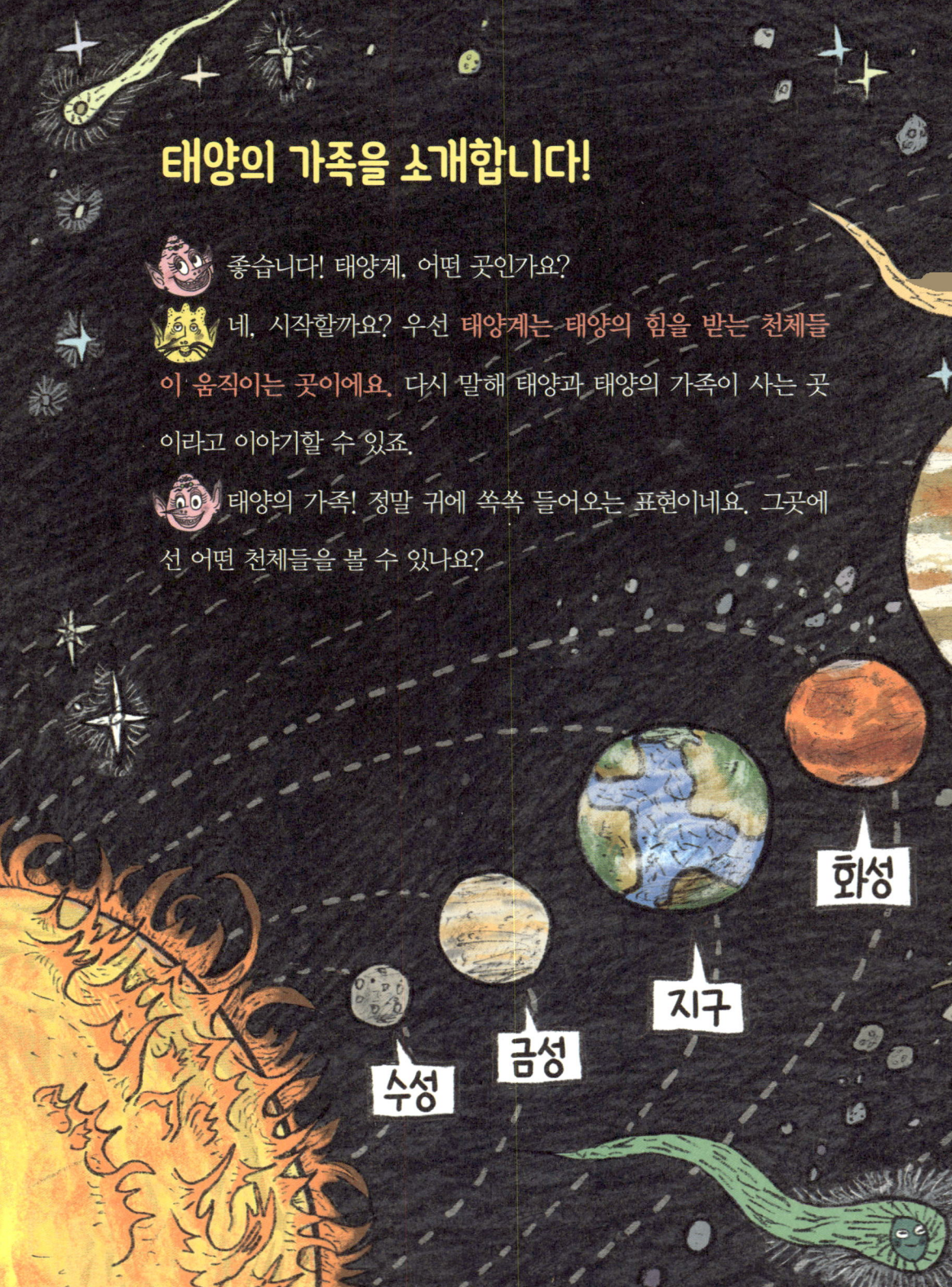

수성 금성 지구 화성

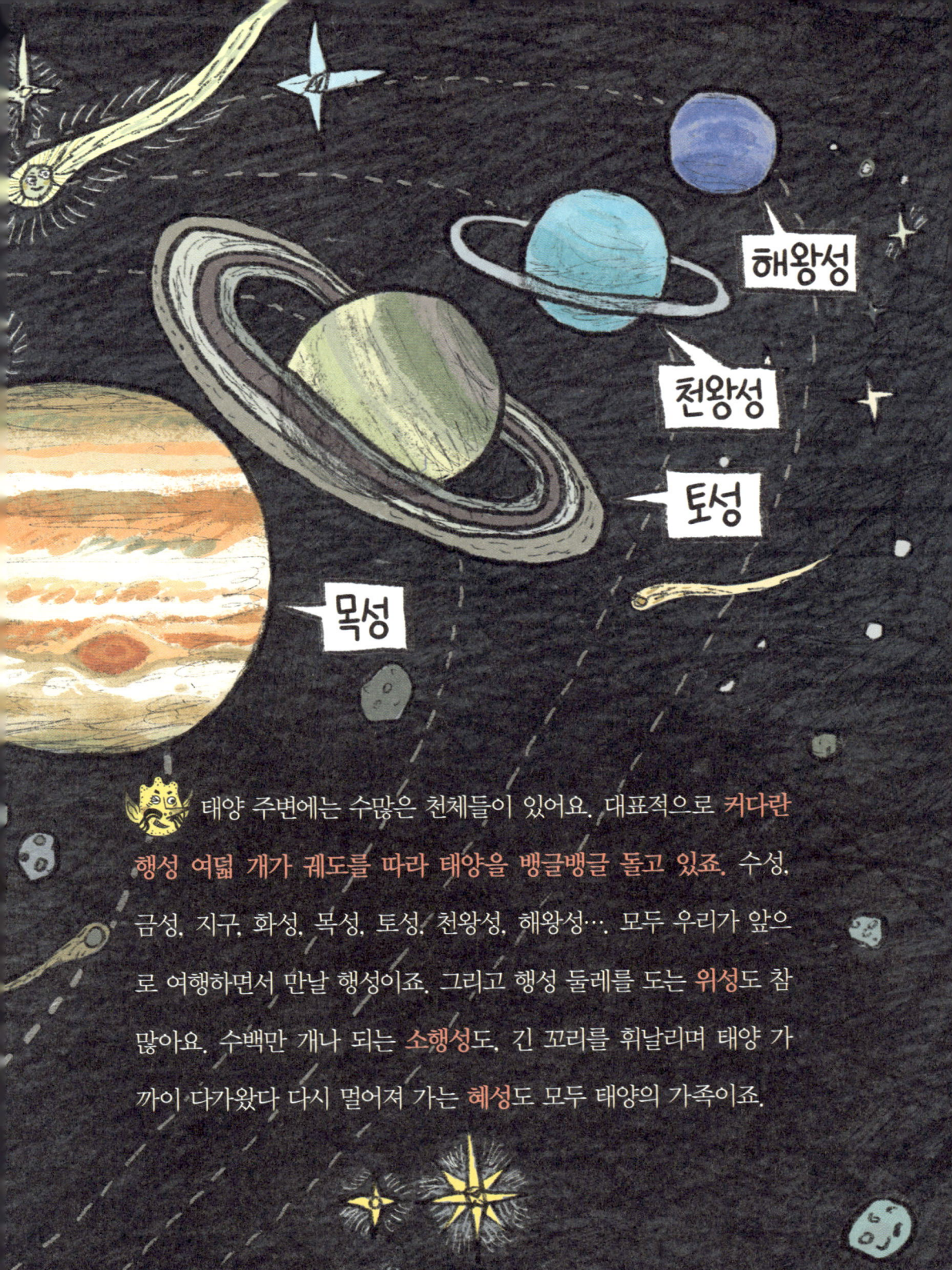

태양 주변에는 수많은 천체들이 있어요. 대표적으로 **커다란 행성 여덟 개가 궤도를 따라 태양을 뱅글뱅글 돌고 있죠.** 수성, 금성, 지구, 화성, 목성, 토성, 천왕성, 해왕성… 모두 우리가 앞으로 여행하면서 만날 행성이죠. 그리고 행성 둘레를 도는 **위성**도 참 많아요. 수백만 개나 되는 **소행성**도, 긴 꼬리를 휘날리며 태양 가까이 다가왔다 다시 멀어져 가는 **혜성**도 모두 태양의 가족이죠.

여러분! 이렇게 많은 천체들을 단 일주일 만에 여행할 기회, 흔치 않겠죠? 더 대단한 건 바로 여러분이 탑승하실 우주선, 야옹88입니다.

저도 너무 설레요. 야옹88은 레인보우자나 최고의 우주선이잖아요? 저도 딱 한 번 타 봤죠.

야옹88은 필요한 상황에 맞춰 무한 변신하는 최고의 우주선이죠. 보기에는 기차지만, 최고급 호텔로도 변신해요. 편의 시설도 무궁무진하고요.

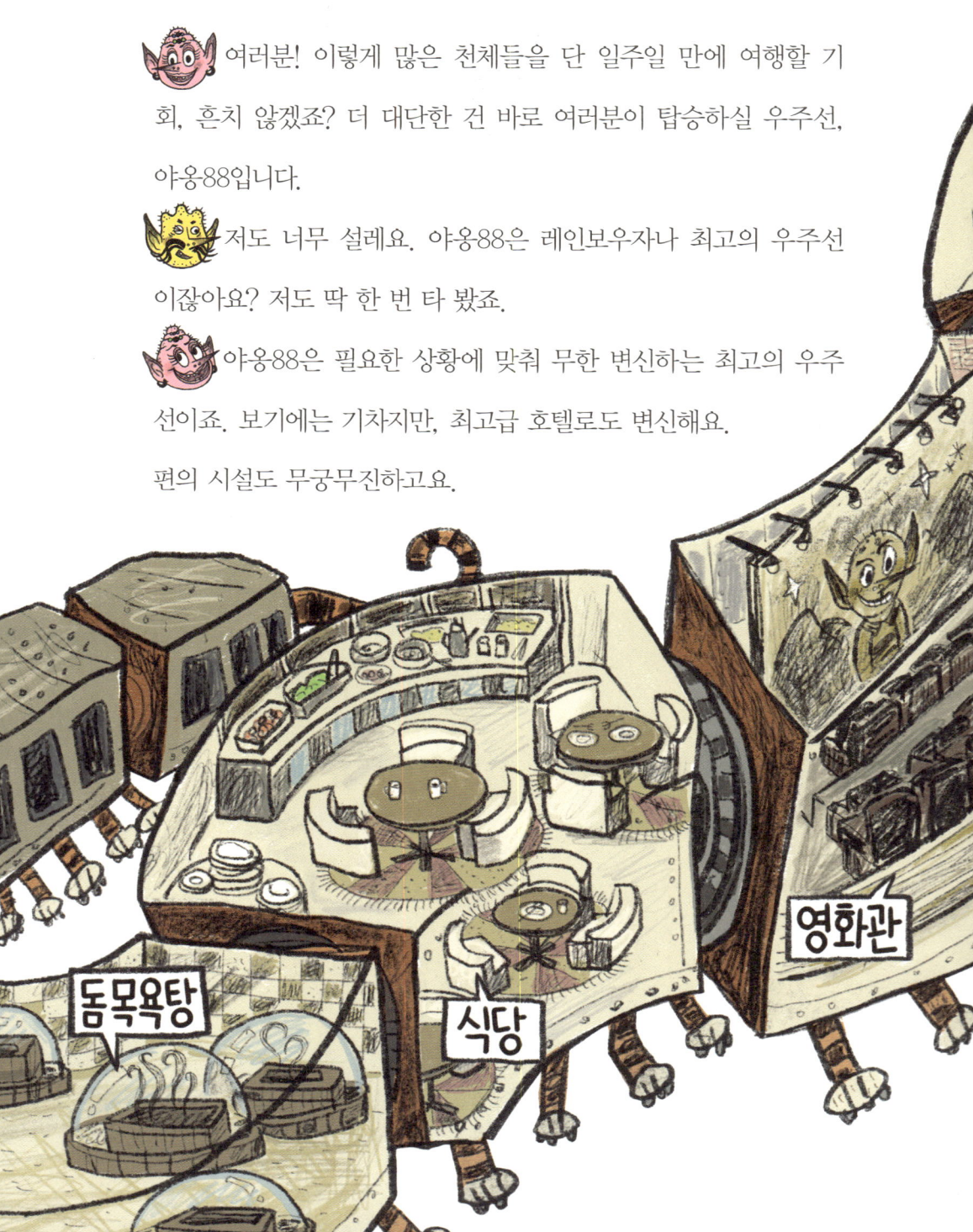

첫 번째 여행지 | 태양

태양을 피하고 싶었어~

Q 태양은 왜 활활 탈까?

태양계의 엄마, 태양

 선생님! 처음 여행할 곳은 어디죠?

 바로 태양이죠. 태양계의 중심, 태양계의 엄마!

- ★ 지름 : 139만 km (지구의 109배)
- ★ 질량 : 1.99×10^{30} kg (지구의 33만 배)
- ★ 구성 : 수소, 헬륨 등
- ★ 온도 : 6,000도(표면)

태양은 말이죠~.

 태양은 정말 크고 뜨겁다던데…, 어느 정도인가요?

 **태양은 활활 타오르는 커다란 불덩어리라고 볼 수 있어요.** 표면 온도가 6,000도 정도니까, 야옹88을 타지 않고 가까이 가는 건 상상도 할 수 없죠. 태양계 전체의 질량을 100이라고 생각했을 때, 태양의 질량은 그중 99.86%를 차지한답니다.

태양을 바라보며 불멍 타임!

 첫째 날, 태양에서는 무엇을 보게 될까요?

태양은 가스로 이루어져 있어서 야옹88이 착륙할 수 없어요. 그래서 멀리 떨어져서 둘레를 돌며 '불멍 드라이브'를 하게 될 거예요. 태양은 멀리서 보면 경계선이 보이지만, 가까이 가면 정확히 표면을 보기 어려워요. 비행기를 타고 구름 속으로 들어가면 어디서부터가 구름인지 정확하게 알 수 없는 것처럼요.

 태양 불멍이라니! 정말 멋지네요.

 홍염을 바라보면 마음이 평온해지죠. 홍염은 태양 표면에서 볼 수 있는 거대한 불꽃 모양의 고리랍니다.

> 홍염은 태양 자기장의 영향으로 이렇게 둥그런 모습을 갖게 되었대요.

흑점

🧑 선생님, 그런데 저기 보이는 검은색 점은 뭐죠?

👽 아, 그건 흑점이에요. 흑점은 태양 표면의 온도가 낮은 부분으로, 주변보다 온도가 낮아 까맣게 보이죠. 약 4,000도 정도?

🧑 4,000도인데 낮은 편이라니…, 흑점이 억울하겠어요.

👽 하하, 태양의 온도는 신기해요. 표면 온도는 6,000도인데, 태양을 둘러싸고 있는 대기층인 코로나는 100만 도에 이른답니다. 중심에서 가장 멀리 있는 대기층의 온도가 가장 높은 거죠. 대기층의 온도가 표면보다 높은 이유는 지금까지 풀리지 않은 미스터리예요.

야옹88도 태양의 핵은 무서워

"벌써 신청 전화가 많네요. 고객 여러분의 반응을 살펴볼까요? '야옹88, 너무 타고 싶어요!', '다가본 선생님, 실제로 뵌 적 있는데 화면이 더 낫네요.' 어머, 이분은 질문을 해 주셨어요. '태양은 왜 식지 않고 계속 활활 타는 걸까요? 태양 에너지가 어떻게 만들어지는지 궁금합니다.'라고요."

"에헴, 중요한 질문을 해 주셨네요. 태양의 몸은 수소 가스로 가득 차 있어요. 태양의 한가운데 있는 핵의 온도는 무려 1,000만 도~1,500만 도죠. 이렇게 무시무시한 고온에서 수소는 헬륨으로 변하는데, 이 변화를 수소 핵융합 반응이라고 해요. 이 과정에서 폭발이 이어지며 엄청난 에너지가 방출되고, 이렇게 만들어진 열과 빛이 대류와 복사를 통해 태양 표면으로 전달되지요. 그래서 태양은 식지 않고 계속 활활 타오르며 늘 뜨거운 열과 밝은 빛을 뿜어낸답니다.

태양의 불맛을 느껴 봐

태양을 바라보며 '불멍'을 한 뒤에는 특별한 식사가 준비됩니다. 생각만 해도 군침이 돌아요.

특별한 식사요? 선생님, 그게 뭔가요?

네, 바로 홍염으로 구운 삼겹살입니다. 야옹88이 정성껏 구워 드리죠. 참숯으로 구운 삼겹살과는 비교도 할 수 없어요. 그뿐 아닙니다. 야옹88에게 부탁하면 마시멜로 구이, 안심과 토마토 꼬치구이, 심지어 달고나까지 주문 가능해요. 다만 꼬치는 각자 하나씩만 추가 가능하다는 점, 양해해 주세요~.

태양의 나이는 45억 살

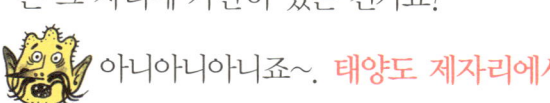

그런데 선생님, 태양계 행성들은 태양을 중심으로 돌잖아요. 그럼 태양은 그 자리에 가만히 있는 건가요?

아니아니아니죠~. **태양도 제자리에서 도는 자전 운동을 해요.** 그런데 신기하게도 태양의 극지방과 적도 지방은 자전 속도가 달라요. 흑점이 움직이는 속도를 보면 자전 속도가 다르다는 걸 확인할 수 있지요.

피로가 싹 풀리겠어요!

음, 온몸이 가스로 이루어져 있으니 가능한 일이겠죠? 그나저나 태양은 몇 살이에요? 태양이 사라지면 태양계의 행성들도 에너지를 받지 못해 사라질 텐데…, 걱정이네요.

태양의 수명은 약 100억 년인데, 현재 나이는 45억 살 정도예요. 에너지원인 수소가 고갈될 무렵에 위기가 닥치겠죠. 하지만 걱정하지 마세요. 상상조차 할 수 없는 먼 훗날 일이니까요.

그나저나 태양 여행의 마지막은 '코로나로 달궈진 참나무 목욕통' 체험이랍니다. 여행 첫날의 피로가 싹 가실 거예요.

레인77의 우주 빅데이터

태양계는 어떻게 탄생했을까?

태양계는 약 46억 년 전에 우주를 떠돌던 거대한 가스와 먼지에서 탄생했어요. 가스와 먼지가 중심에서 뭉치면서 빛나는 덩어리가 생겨났는데, 이것이 바로 태양이에요. 태양의 둘레에 남아 있던 가스와 먼지가 뭉쳐서 지구와 같은 행성들이 만들어졌어요.

태양계는 얼마나 클까?

태양에서 태양계 끝에 있는 해왕성까지의 거리는 약 45억km나 되어요. 소리의 속도로 날아가는 비행기로 약 420년이 넘게 걸리지요. 하지만 이런 태양계도 우리은하 전체에서 보면 은하수 끄트머리에 있는 작은 부분일 뿐이에요. 우리은하에는 태양과 비슷한 크기의 별이 1,000억 개가 넘거든요.

태양계는 어디에 있을까?

태양계는 우리은하에 있어요. 일반적으로 은하는 1,000억 개 정도의 별과 가스·먼지 등으로 구성되어 있는데, 우리은하는 볼록한 은하 중심부를 여러 개의 나선팔이 휘감고 있는 모양이에요. 태양계는 우리은하의 나선팔 부분에 자리하고 있답니다. 우리은하의 크기는 지름이 약 10만 광년이고 태양계는 은하의 중심에서 약 3만 광년 떨어진 곳에 있어요.

우주에는 몇 개의 별이 있을까?

우주에는 약 1,000억 개의 은하가 있다고 알려져 있어요. 그렇다면 우주에 있는 별은 모두 몇 개일까요? 은하 하나에 1,000억 개의 별이 있고, 또 그런 은하가 1,000억 개가 있으니 우주에는 1,000억 x 1,000억 개의 별이 있는 거죠. 이렇게 별이 많으니 그 중에 태양과 같은 별, 지구와 같은 행성이 하나는 있지 않을까요?

두 번째 여행지 | 수성과 금성

환영! 레인보우자나 행성인 여러분!

Q 수성은 왜 낮과 밤 기온 차이가 심할까?
Q 금성은 왜 밝게 빛날까?

돌고 도는 태양계의 친구들

 선생님, 이제 두 번째 여행지를 소개해 주실까요?

 이제 태양을 떠나 가까운 행성부터 가 보죠. 바로 수성과 금성입니다!

 뭔가 본격적으로 여행이 시작되는 것 같네요. 그런데 선생님! 항성과 행성, 자주 듣는 말이지만 좀 헷갈려요.

 아, 첫째 날 본 태양이 바로 항성입니다. 항성은 스스로 빛을 내는 천체로, 흔히 '별'이라고 하죠. 별은 영어로 스타…, 그러니까 '스스로 타는 천체…, '스스'에 작대기를 하나씩 붙이면 '수소', 즉 수소로 타는 천체가 바로 항성이죠. 아하하~. 좀 썰렁했나요? 어쨌든 항성을 도는 천체를 행성이라고 하고, 행성을 도는 천체를 위성이라고 합니다.

 흠, 우주는 돌고 도는군요!

 네, 그걸 바로 '공전'이라고 하죠. 공전은 끌어당기는 힘 때문에 생긴답니다.

이게 바로 공전입니다.
공전은 끌어당기는 힘, 즉 중력 때문에 일어나는 현상이죠.

울퉁불퉁 크레이터

 수성은 태양에서 가장 가까운 행성이지요.

 네, 맞습니다! 그리고 태양계에서 가장 작은 행성이기도 하답니다. 표면은 아주 울퉁불퉁해요. '크레이터'라는 구덩이가 많거든요. 표면만 보면 지구의 위성인 달의 모습과 많이 닮았어요.

 크레이터들은 왜 생긴 건가요?

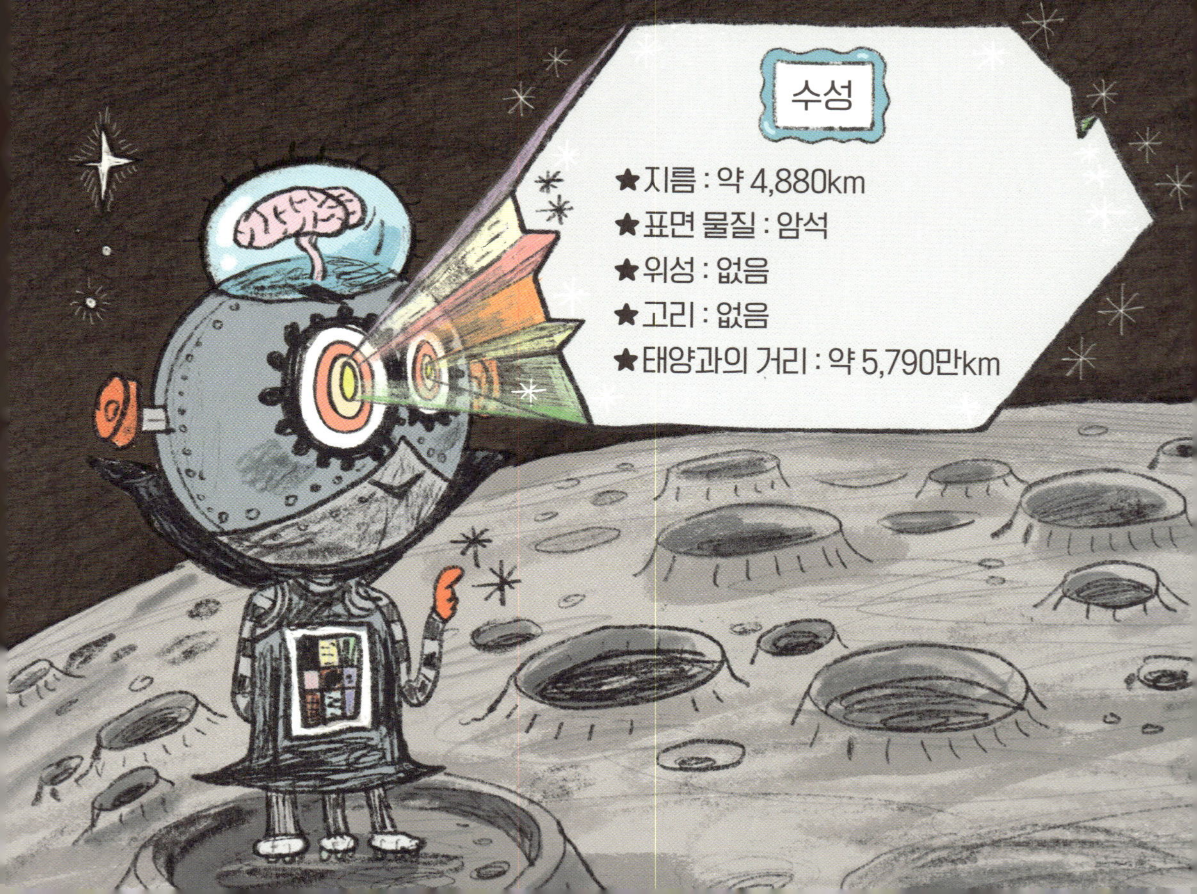

수성

★ 지름 : 약 4,880km
★ 표면 물질 : 암석
★ 위성 : 없음
★ 고리 : 없음
★ 태양과의 거리 : 약 5,790만km

우주에는 소행성이나 혜성이 지나가면서 흘린 부스러기가 많아요. 이 중 대기권에서 타버리는 천체를 유성이라고 하지요. 그런데 크기가 커서 다 타지 못한 채 표면에 떨어지는 잔해도 있어요. 이걸 운석이라고 하는데, **크레이터는 바로 운석이 떨어지면서 만든 구덩이지요.**

수성 크레이터 탐사! 미키 마우스를 닮은 크레이터도 구경해요~!

뜨거웠다 차가웠다

수성은 아주 재미있는 특징을 갖고 있어요. 낮에는 기온이 400도가 넘지만, 밤에는 기온이 영하 180도까지 떨어지거든요.

어머, 태양에서 가까우니까 낮이고 밤이고 기온이 아주 높을 줄 알았는데…. 낮과 밤의 차이가 왜 이렇게 심하죠?

하하, 그건 바로 대기가 없기 때문이에요. 대기란 천체를 둘러싸고 있는 기체를 말하는데, 수성은 중력이 약해서 대기를 붙잡지 못해요. 그래서 태양의 영향을 직접적으로 받게 되는데, 여기서 중요한 건 수성의 자전 속도예요. 지구의 자전 주기는 24시간이지만, 수성은 자전 주기가 59일 정도예요. 태양을 바라보는 낮도, 태양을 등지는 밤도 엄청나게 긴 거죠. 그래서 낮에는 너무 뜨겁고, 밤에는 너무 차가워지는 겁니다.

금성은 지구와 쌍둥이?

이제 수성을 떠나 다음 목적지인 금성으로 출발해 볼까요? **금성은 지구와 비슷한 행성이에요. 크기도, 질량도, 밀도도 비슷하죠.** 그래서 옛날 사람들은 금성에 생명체가 존재할지도 모른다고 생각했어요. 더구나 금성은 반짝반짝 밝게 빛나는 예쁜 별이거든요.

어머, 별이 아니라 행성 아닌가요?

아하하! 실수~.

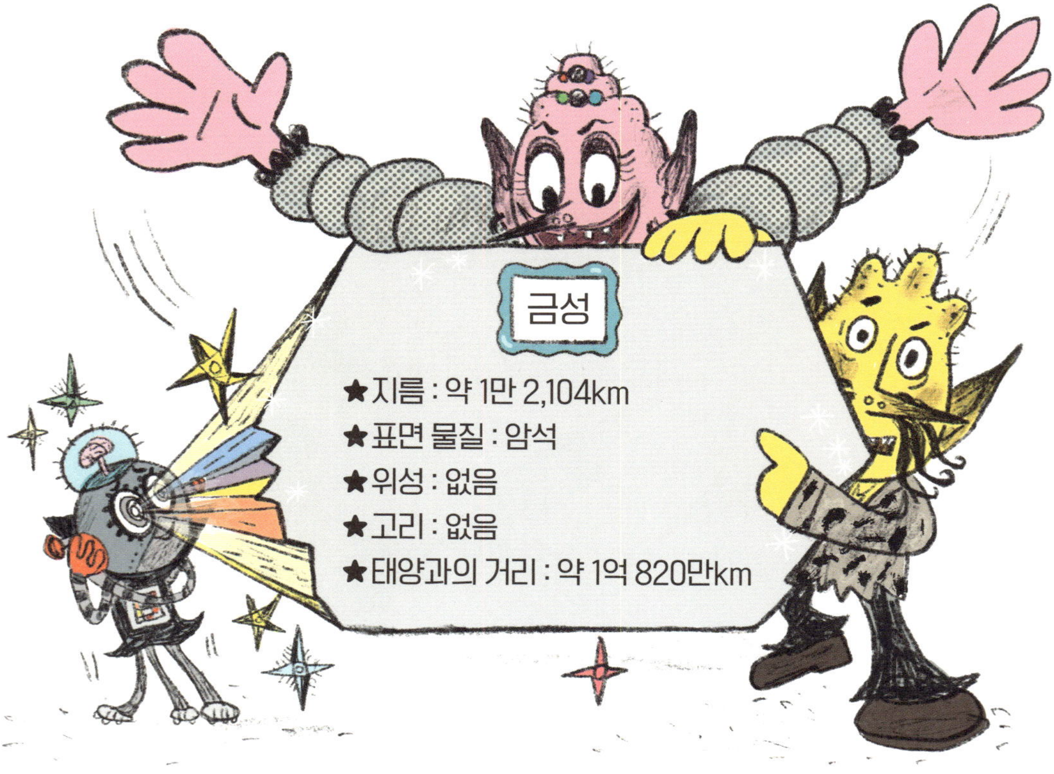

금성
- ★지름 : 약 1만 2,104km
- ★표면 물질 : 암석
- ★위성 : 없음
- ★고리 : 없음
- ★태양과의 거리 : 약 1억 820만km

그런데, 금성 탐사선이 보내온 자료를 보고 과학자들은 충격에 빠졌답니다. 금성 표면 온도가 무려 450도에 달했기 때문이죠.

아니, 왜 이리 뜨겁죠?

사실 금성의 두터운 대기층은 태양 빛을 80%나 반사해요. 그래서 지구인들이 볼 때 유독 반짝반짝 빛나는 거랍니다. 금성의 대기층은 대부분 이산화 탄소로 이루어져 있어요. 이산화 탄소로 인한 온실 효과가 나타나 심하게 뜨거운 거죠.

차라리 귀신의 집이 낫겠어요.

노란 구름을 보고 싶다면

금성 표면은 화산과 용암으로 가득 차 있어요. 가끔 내리는 비는 황산이고요. 아름답게 빛나지만, 가까이 가면 생명체가 존재할 수 없는 최악의 환경이랍니다.

으으, 끔찍하군요. 금성에선 뭘 하죠?

기대하세요. '노란 구름 지옥 체험'이 기다리고 있으니까요. 을 타고 금성의 구름 속을 누비면 귀신 체험, 좀비 체험은

지옥이 있다면 금성일 거야~.

상대가 되지 않을 정도로 무시무시한 공포를 느낄 수 있답니다. 아래는 화산이 부글부글, 하늘에는 황산이 자욱~. 한 번쯤은 경험해 보고 싶지 않나요?

TIP

태양계 행성 중에는 특이하게 자전을 하는 두 행성이 있어요. 바로 금성과 천왕성이랍니다.
다른 태양계 행성들은 시계 반대 방향으로 자전하므로 태양이 동쪽에서 떠서 서쪽으로 지는 모습을 볼 수 있어요. 금성은 특이하게 시계 방향으로 자전을 하므로 아침에 해가 서쪽에서 뜨는 놀라운 광경을 볼 수가 있답니다. 천왕성은 거의 누운 상태로 자전하지요.

레인77의 우주 빅데이터

행성의 영어 이름은 어떻게 지었을까?

태양계 행성의 영어 이름은 로마 신화에 등장하는 신의 이름에서 따왔어요. 수성은 머큐리(Mercury)라고 하는데 전령(messenger)의 신에서 유래했고, 금성은 미의 여신인 비너스(Venus)에서 유래했죠. 붉게 빛나는 화성은 전쟁의 신 마스(Mars)에서, 목성은 태양계 행성 중 가장 커서 신들의 왕인 주피터(Jupiter)에서 유래했어요. 토성은 농업의 신 새턴(Saturn), 천왕성은 하늘의 신 우라노스(Uranus), 해왕성은 바다의 신인 넵튠(Neptune)에서 이름을 딴 것이에요.

별자리도 움직이나요?

30분, 1시간 정도 시차를 두고 같은 하늘을 보면 별이 움직이는 것처럼 보여요. 마치 태양이 동쪽에서 나타나 서쪽으로 이동하는 것처럼, 별들도 동쪽 하늘에서 서쪽 하늘로 이동하죠. 이것을 일주 운동이라고 하는데 1시간에 약 15도 정도 이동해요. 일주 운동은 지구의 자전으로 일어나는 현상이지요. 별자리는 계절에 따라서도 바뀌어요. 계절에 따라 별자리가 바뀌는 것은 지구가 태양을 중심으로 공전하기 때문이죠. 사실 별들은 제각기 특정한 방향으로 움직이고 있어요. 하지만 위치가 바뀌는 데 몇천 년 이상 걸리기 때문에 우리가 사는 동안에는 변화를 느낄 수 없어요.

별자리 이야기는 누가 지었나요?

먼 옛날, 바빌로니아 지역에 살던 유목민들은 밤하늘의 별들을 연결해 모양을 만들고, 이야기를 지었어요. 이를 토대로 동물 모양의 별자리가 만들어졌지요. 그러다 기원전 2000년경 페니키아인들이 그리스 지역으로 별자리 이야기를 전하면서 그리스 신화 속 신과, 영웅, 동물의 이름이 별자리에 더해졌어요. 기원전 150년 무렵, 그리스의 천문학자 프톨레마이오스는 《알마게스트》라는 책에 48개의 별자리를 정리했죠. 이 별자리들은 이후 유럽에 널리 퍼졌는데, 항해술이 발달하면서 별자리 이름은 점점 다양하고 복잡해졌어요. 사람들은 1922년 국제천문연맹 제1회 총회에서 별자리를 정리하기로 하고, 태양이 지나가는 황도에 12개, 북반구 하늘에 28개, 남반구 하늘에 48개의 별자리를 정했답니다.

북극성은 어떻게 찾나요?

계절마다 바뀌는 별자리와 달리 북쪽 하늘 별자리는 계절에 상관없이 항상 볼 수 있어요. 북쪽 하늘 별자리 중 가장 찾기 쉬운 것은 국자 모양의 북두칠성이에요. 사실 북두칠성은 별자리 이름이 아니라, 큰곰자리의 꼬리 부분에 있는 별들의 이름이에요. 국자 모양이 시작되는 부분에서 이동하면 하나의 별을 만나는데 이 별이 바로 북극성이지요. 북극성은 작은곰자리의 꼬리별로 언제나 북쪽에서 빛나지요.

세 번째 여행지 지구

Q 왜 지구에만 생명체가 살까?

드디어 지구인을 만나요!

 드디어 지구네요, 선생님!

 태양계 여행의 핵심은 바로 지구죠. 레인보우자나 행성인과 지구인이 꼭 닮은 건 아시죠?

지구
- ★ 지름 : 약 1만 2,756km
- ★ 표면 물질 : 암석
- ★ 위성 : 있음(달)
- ★ 고리 : 없음
- ★ 태양과의 거리 : 약 1억 4,960만km

네~. 저도 영상으로 봤답니다. 하지만 피부색이 다르더라고요. 더 놀란 건 머리카락이에요. 머리카락이 허리까지 내려오는 지구인도 있던데요! 머리를 감는 특별한 비누도 있다던데, 뭐더라….

지구는 골디락스 존에 있어요

샴푸 말인가요? 저도 머리카락은 없지만 써 본 적은 있어요. 무척 상쾌하더라고요. 흠흠, 아무튼 지구의 가장 큰 특징은 우리 레인보우자나 행성처럼 생명체가 살고 있다는 점이죠.

현재까지 우리가 밝혀낸 바로는 태양계에 생명체가 존재하는 곳은 지구뿐이죠? 왜 지구에만 생명체가 존재하는 걸까요?

여러 가지 이유가 있지만, 우선 태양과의 거리부터 생각해 보죠. 조금 전 소개했던 금성에 과연 생명체가 살 수 있을까요?

절대 안 돼죠. 발가락 하나만 디뎌도 타 버리고 말걸요.

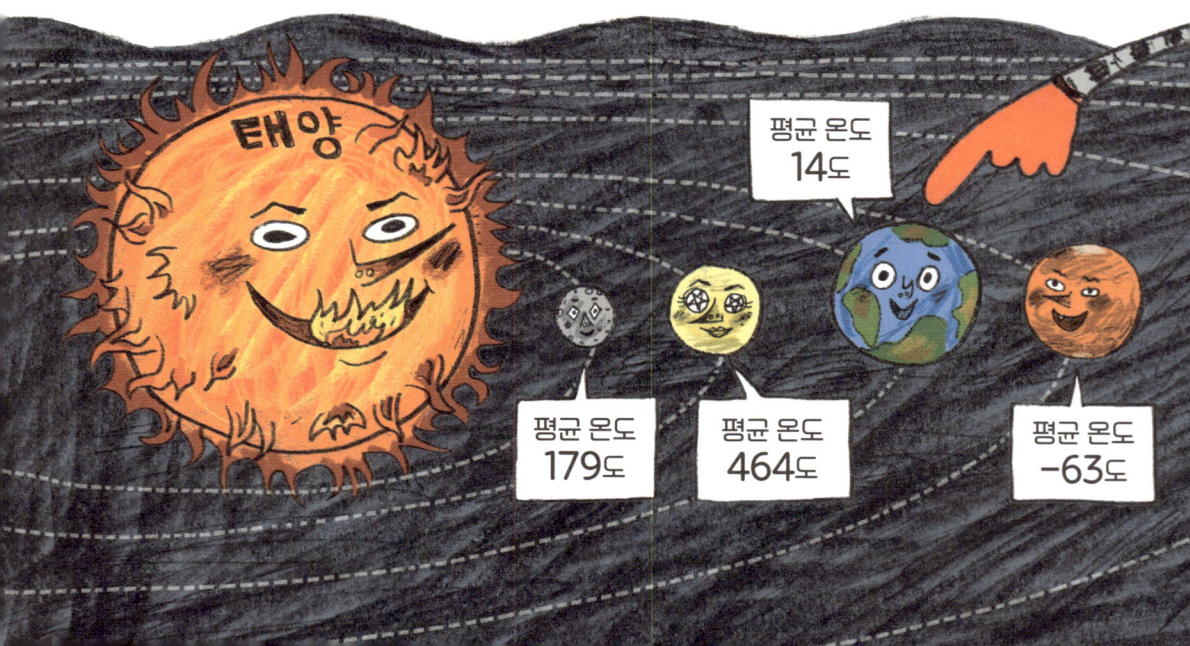

맞습니다. 우선 **생명체가 살아가려면 온도 조건이 맞아야 해요.** 그러려면 태양과의 적절한 거리가 필수입니다.

 너무 멀지도 너무 가깝지도 않아야겠네요.

 그렇죠. 가까우면 뜨거워서 못 살고, 멀면 추워서 살 수 없어요. 지구는 그야말로 적절한 거리에 있는 거죠.

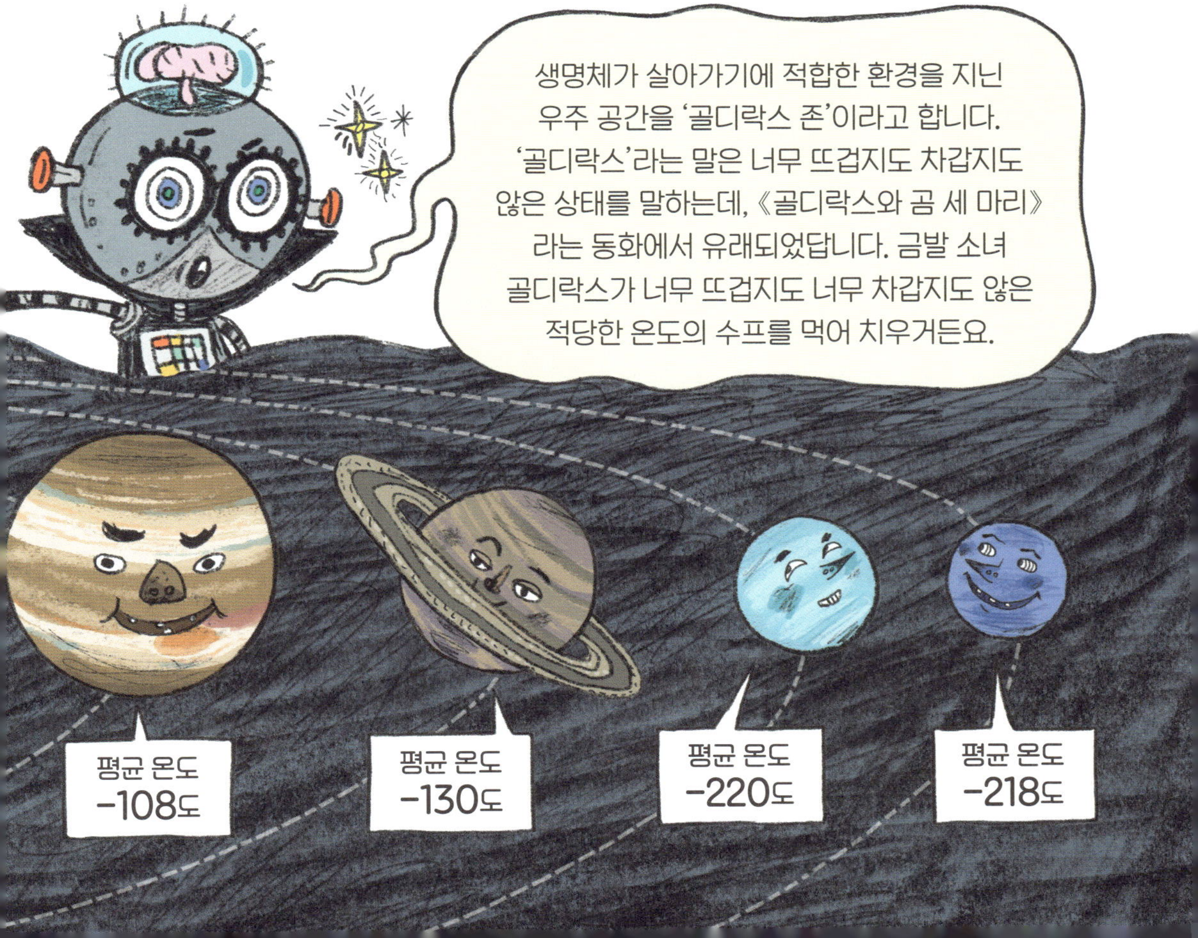

생명체가 살아가기에 적합한 환경을 지닌 우주 공간을 '골디락스 존'이라고 합니다. '골디락스'라는 말은 너무 뜨겁지도 차갑지도 않은 상태를 말하는데, 《골디락스와 곰 세 마리》라는 동화에서 유래되었답니다. 금발 소녀 골디락스가 너무 뜨겁지도 너무 차갑지도 않은 적당한 온도의 수프를 먹어 치우거든요.

평균 온도 −108도

평균 온도 −130도

평균 온도 −220도

평균 온도 −218도

물과 공기가 풍족한 지구

골디락스 존에 있다고 무조건 생명체가 살 수 있는 건 아니에요. 정말 많은 요소가 딱 맞아떨어져야 하죠.

어머나, 레인77이 자료를 준비해 주었네요. 레인77님~. 부탁해요!

나몽땅님! 하루 동안 물을 못 먹으면 어떨 것 같아요?

사이다를 실컷 마시면 하루는 버틸 것 같은데요…

이런, 탄산음료는 자제하시는 게…. 아무튼 생명이 살아가려면 물이 필요해요. 그런데 **지구 표면은 70%가 물로 덮여 있어요.**

 어머나, 레인보우자나의 2배네요! 참, 지구에 있는 어떤 식당에서는 물을 공짜로 준다면서요?

 네네, 정말 감동이었죠. 흠흠, 두 번째는 공기랍니다.

 공기요? 당연히 중요하겠죠. 숨을 쉬어야 사니까요.

 지구는 두꺼운 공기층으로 싸여 있어요. 이 부분을 대기라고 하는데, 대기는 정말 많은 역할을 해요. 태양으로부터 오는 해로운 빛도 막아 주고, 태양에서 받은 열을 흡수해 온도를 적절하게 유지해 주거든요. 마치 포근한 솜처럼 지구를 둘러싸고 보호하는 겁니다.

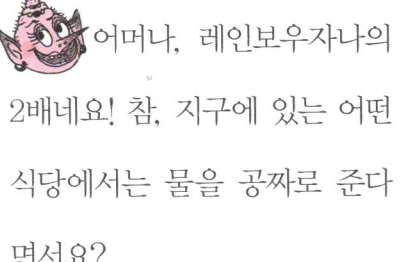

적절한 자전 속도와 자기장

 나몽땅님, 혹시 양꼬치 먹어 보셨나요?

 아, 지구에서 유래한 음식이요? 물론 먹어 봤죠. 돌돌 돌아가는 양꼬치 굽는 기계가 정말 신기하더라고요.

 만약 기계가 돌아가지 않으면 어떻게 될까요?

 그야 한쪽 면만 새까맣게 타겠죠. 아까워라~.

 지구도 마찬가지예요. 적절한 속도로 자전하니까 온도도 적당하게 유지할 수 있죠.

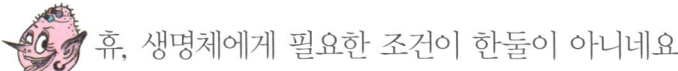

또 한 가지! 지구의 자기장을 빼놓을 수 없죠. 지구 내부의 외핵에는 철, 니켈 같은 금속이 녹아 있어요. 덕분에 **지구는 하나의 커다란 자석과 같은 힘을 갖고 있죠.**

지구가 자석이라고요? 어머나…, 그럼 지구가 뭔가를 당기거나 밀어내는 힘이 있다는 거네요!

맞습니다. 지구의 자기장은 태양풍으로부터 지구를 보호해요. 태양풍이란 태양에서 내뿜은 엄청난 양의 방사선인데, 이걸 지구 자기장이 막아 주는 거죠. 방사선은 암을 유발하는 무시무시한 광선이거든요.

휴, 생명체에게 필요한 조건이 한둘이 아니네요.

목성과 달이 도와주고 있어!

 지구에 생명체가 존재하는 건 지구 혼자 잘나서만은 아니에요.

 누가 도와주기라도 한단 말인가요?

 목성과 달이 도와주고 있죠.

 어머, 생명체도 없는데 무슨 수로 도와주나요?

 목성은 태양계에서 가장 큰 행성으로 지구로 접근하는 소행성들을 끌어당겨요. 목성이 조금만 더 작았다면 지구는 벌써 소행성에 부딪혀 멸망했을지도 몰라요. 그런데 사실 목성만 있었다면 생명체가 살지 못했을 거예요.

 달이 어떤 역할을 한 건가요?

 목성은 지구의 자전축까지 흔들 정도로 힘이 세요. 지구의 자전축이 흔들리지 않도록 힘의 균형을 맞춰 주는 게 바로 달이지요. 또한 달의 뒷면엔 거대한 크레이터가 아주 많아요. 목성이 수많은 소행성으로부터 지구를 지키는 1차 방어선이라면, 달은 2차 방어선인 셈이죠.

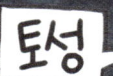

에베레스트 정상에 착륙!

와, 지구 여행 정말 기대돼요! 첫 번째 여행지는 가장 높은 산, 에베레스트라고요?

가 볼 곳이 너무 많아서, 정말 정하기 어려웠어요. 우리 레인보우자나 행성에는 산이 드물잖아요. 가장 높은 산이 500미터인데, 지구에선 산으로도 안 쳐주더라고요. 가장 높은 곳에서 지구를 내려다보며 신선한 공기도 마시고 눈으로 만든 빙수도 맛보세요.

어머, 눈은 어떻게 생겼나요? 공기 맛은 또 어떨까요?

하하, 그렇잖아도 나몽땅님이 궁금해하실 것 같아 준비했습니다. 에베레스트의 신선한 공기와 눈! 바로 맛보시죠.

가발 쓰고 도시 산책을

자, 이제 본격적으로 지구인 체험을 해 봐야죠? 아마도 가장 기다리시던 시간이 아닐까 해요.

맞아요. 대부분의 지구인들은 우리 정체를 모르기 때문에 첩보 영화를 찍는 것 같은 스릴도 느낄 수 있죠. 지구인처럼 분장하고 도시를 걸어 보는 거예요.

쇼핑도 할 수 있잖아요? 아, 너무 설레요.

네, 야옹88이 여러분께 10개의 쇼핑 품목을 제공할 거예요. 여러분께서 너무나 갖고 싶어 하시는 빵다탄소년단 포스터, 매운 라면, 또 선물하기 좋은 초콜릿까지 구입하실 수 있죠!

에메랄드빛 바다

참, 그거 아세요? 지구의 바다는 에메랄드빛이라는 거요!

에메랄드요? 혹시 푸르스름, 아니 파르스름한 색이요? 생각만 해도 낯설어요.

네, 우리 레인보우자나의 바다는 핑크빛이죠. 게다가 우리는 일 년 내내 기온이 15도 정도라서 바닷물에 들어가기엔 좀 춥죠. 그런데 지구는 곳에 따라 다르긴 하지만, 더운 여름에는 사람들이 바다에 들어가 논답니다.

에구머니나! 위험하지 않을까요?

하하, 걱정 마세요. 튜브를 타고 둥실 떠 있으면 되니까요.

설마 선생님도 바다에 들어가 보신 거예요?

물론이죠! 바나나 보트도 타고 서핑까지 해 봤죠. 아, 지금이라도 풍덩 뛰어들고 싶네요! 해변에서 맛보는 달콤한 코코넛 주스도 좋아요.

오로라를 바라보며 지구여 안녕!

다가본 선생님, 이제 아쉽게도 지구의 마지막 여행지를 소개할 차례네요.

네, 마지막이지만 이것 하나만 봐도 태양계와 지구를 좋아하게 될 거예요. 바로 북극의 밤하늘에서 볼 수 있는 오로라입니다. 황홀한 빛의 예술이죠!

어머나, 정말 하늘에서 저런 쇼가 펼쳐진다고요? 지구인들이 쏘아 올린 빛인가요?

하하, 아닙니다. 오로라는 태양과 지구가 만드는 쇼예요. 태양풍 기억하시죠? 태양에서 내뿜는 태양풍의 입자가 지구의 자기장을 만났을 때 서로 부딪치면서 빛을 내는 현상이죠. 우주에서도 볼 수 있답니다! 야옹88을 타고 편안하게 보시면서 지구와 작별을 고하시죠.

레인77의 우주 빅데이터

외계인은 어느 별에 살고 있을까?

별에는 외계인이 살 수 없어요. 별은 태양처럼 스스로 빛을 내는 항성이기 때문에 기본적으로 생명체가 살 수 없을 정도로 뜨겁거든요. 그러니까 우리가 외계인을 찾으려면 지구와 같은 행성을 찾아야 할 거예요. 생명체가 살 수 있는 행성의 기본 조건을 살펴볼까요? 첫째, 공기가 필요하죠. 생명체가 숨을 쉬는 데 공기(산소)는 반드시 있어야 해요. 두 번째로 물이 필요해요. 공기가 있어도 물이 없다면 생명체는 살 수 없답니다. 또한 너무 춥거나 너무 더워도 안 되겠죠?

천체 사이의 거리 표시

천체들 사이의 거리는 지구상에서의 거리와 비교할 수 없을 만큼 멀어요. 그래서 '광년(Light year)'이라는 단위를 사용하지요. 광년은 빛이 1년 동안 가는 거리예요. 빛이 1초 동안 가는 거리는 약 30만km입니다. 1분 동안 가는 거리는 60초를 곱해 주면 되겠죠? 여기에 다시 60분을 곱하면 1시간 동안 가는 거리가 되죠. 아직 끝이 아니에요. 여기에 24시간을 곱하면 하루, 마지막으로 365일을 곱하면 빛이 1년 동안 간 거리, 즉 광년이 됩니다. 1광년은 약 9조 4,600억km이지요.

외계인은 어떻게 찾을까?

우주 어딘가에 있을지 모르는 외계인이 보내는 전파 신호를 찾는 연구를 SETI(Search for Extra-Terrestrial Intelligence)라고 해요. 전파는 우리 눈에는 보이지 않지만 휴대폰, TV, 라디오, 내비게이션 등 우리 생활에서 다양하게 이용되고 있답니다. 만약 우주에서 인공적으로 만들어진 전파가 지구를 향해 오고 있다면 외계인의 존재를 확인할 수 있을지도 몰라요.

전파를 확인하기 위해 천문학자들은 1974년, 푸에르토리코에 있는 지름 300m의 거대한 아레시보 전파망원경으로 별이 많이 모여 있는 헤라클레스 구상성단에 전파를 보냈어요. 이 전파에는 숫자, 원소, 인간의 형체, 태양계의 모습 등 다양한 정보가 담겨 있어 만약 외계인이 발견한다면 지구에 우리 인류가 있다는 걸 알 수 있을 거예요.

하지만 만약 헤라클레스 구상성단에 외계인이 있다 하더라도 가까운 미래에 답을 받기는 어려워요. 헤라클레스 구상성단은 지구에서 약 2만 5천 광년이나 떨어져 있어서 5만 광년 후에나 답장을 받을 수 있거든요.

혹시 모르죠. 가까운 미래에 우리 후손들이 빛보다 빨리 가는 우주선을 만들어 눈 깜짝할 사이에 우주 여기저기를 둘러볼 수 있게 된다면, 더 빨리 외계인 친구를 찾을지도요.

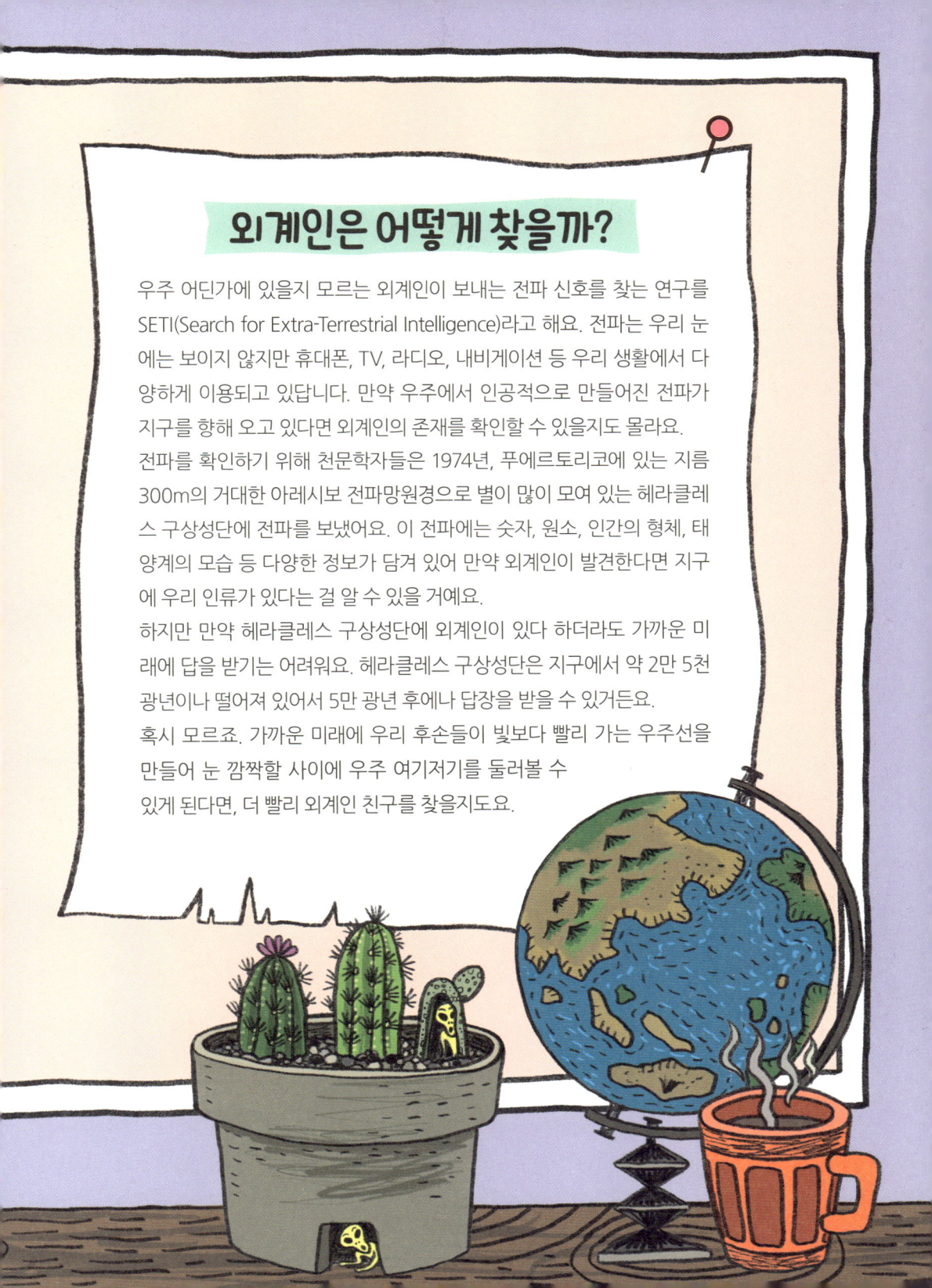

지구와 가까운 행성, 화성

 자, 다음 여행지는 태양계의 핫 플레이스! 화성입니다.

 핫 플레이스라고요?

 지구인들이 태양계에서 가장 관심을 두고 있는 행성이거든요. 가깝기도 하고, 지구와 비슷한 점도 많으니까요.

 지구와 가까우니까 혹시 생명체가 존재할지도~.

 화성은 골디락스 존의 맨 끝에 있으니까 가능성이 있죠.

하지만 아쉽게도 지금까지 생명체를 발견하지는 못했답니다.

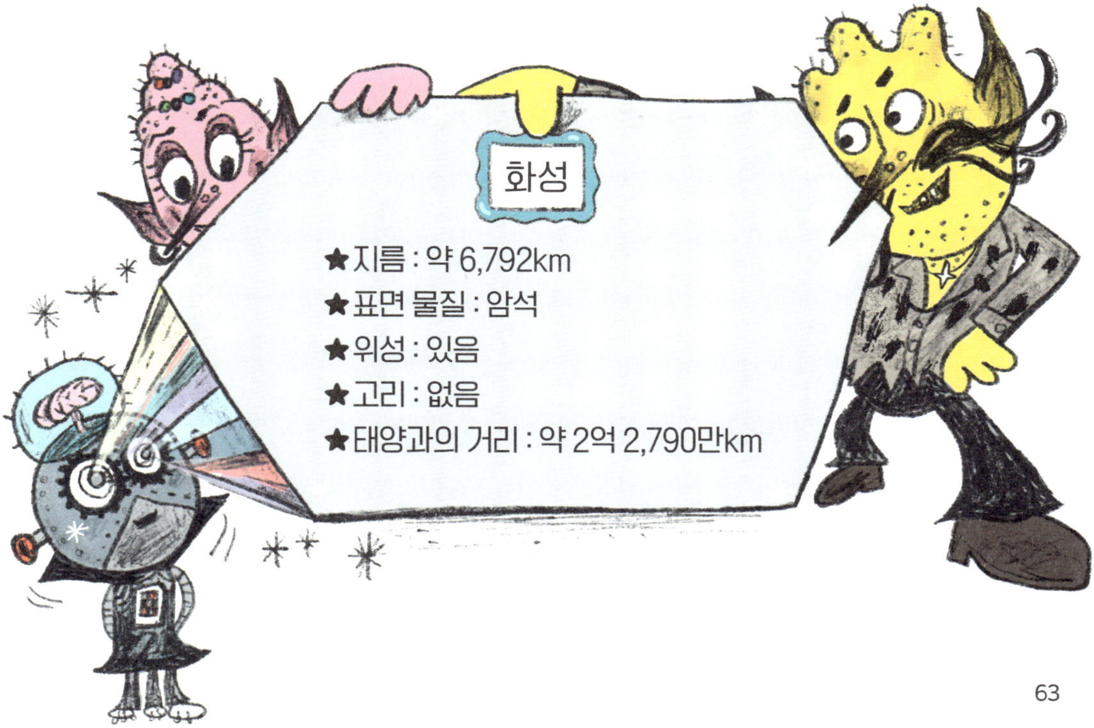

화성
- ★ 지름 : 약 6,792km
- ★ 표면 물질 : 암석
- ★ 위성 : 있음
- ★ 고리 : 없음
- ★ 태양과의 거리 : 약 2억 2,790만km

화성이 붉은 이유

화성을 둘러볼 때, 관광객 여러분이 자주 묻는 게 있어요. 바로 '화성은 왜 붉은색인가요?'이죠.

어머나, 저도 그게 궁금했어요. 마치 불타고 있는 것 같아서…. 태양처럼 펄펄 끓고 있는 게 아닐까요?

하하, 전혀 아니에요. 화성이 붉은 이유는 화성 표면을 이루는 흙에 철 성분이 섞여 있기 때문이에요. 철이 산소를 만나 녹이 슬면 어떻게 되죠?

녹이 슬면 빨갛게 되죠! 아하, 바로 그래서?

네네, 맞습니다. 화성의 표면은 산화철로 덮여 있어요.

어? 그런데 선생님, 화성에는 산소가 거의 없다고 들었는데….

네, 맞아요. 그래서 과학자들은 화성이 처음 만들어질 때 대기에 산소가 많았을 거라고 추측하고 있어요.

아하, 산소가 엄청나게 줄어든 거군요. 어? 극지방에 뭔가가 있네요! 하얀… 눈 같은?

 저기가 바로 '극관'이라는 곳이에요. 물과 이산화 탄소가 얼어 있죠.

 물과 이산화 탄소라고요? 물이 있다면 혹시 생명체가….

 맞아요. 그래서 지구인들이 계속 연구하는 거예요.

 그런데 선생님, 이산화 탄소가 얼어 있다고 하셨잖아요. 그게 혹시 드라이아이스 아닌가요? 아이스크림 포장할 때 녹지 말라고 넣는 거요.

 맞습니다. 화성의 대기는 96%가 이산화 탄소예요. 특히 화성의 겨울은 지구보다 훨씬 춥고 건조하기 때문에 드라이아이스가 잘 만들어질 수 있는 환경이에요. 눈처럼 내리는 건 아니고, 서리처럼 얼어 하얗게 뒤덮여요.

저 극관 아래에 생명체가 살고 있을지도 몰라!

야옹88~. 요즘 자주 오는구나!

올림포스산을 타자!

 선생님! 저기 보이는 건 뭐죠?

 네, 바로 태양계에서 가장 크고 높은 화산, 올림포스산입니다. 정말 웅장하죠?

 에베레스트산보다 높나요?

 당연하죠. 에베레스트산이 8,800미터쯤인데, 화성의 올림포스산은 2만 미터를 훌쩍 넘거든요.

 어머나, 너무 기대돼요. 제가 등산을 좋아하거든요.

 설마 올림포스산을 오르겠다고요? 에이~. 저길 어떻게….

 좀 멀긴 하지만 가파르지 않아 보여요.

 휴, 하지만 너무 멀어요. 지구인들 표현으로 서울에서 부산까지 거리랍니다. 원하신다면 딱 10분만 걷고, 이후에는 야옹88을 타고 슝 날아서 가시죠.

TIP

화성의 올림포스산은 태양계에서 가장 높은 산이에요. 화산 폭발로 만들어졌는데 한반도보다도 넓어서 산 아래에서는 정상이 보이지 않아요. 우주 상공에서 봐야만 올림포스산을 제대로 볼 수 있지요. '올림포스'라는 이름은 그리스 신화에서 유래했어요. 신화 속 12신들이 산다는 곳으로 그리스에 있는 올림포스산을 뜻한답니다.

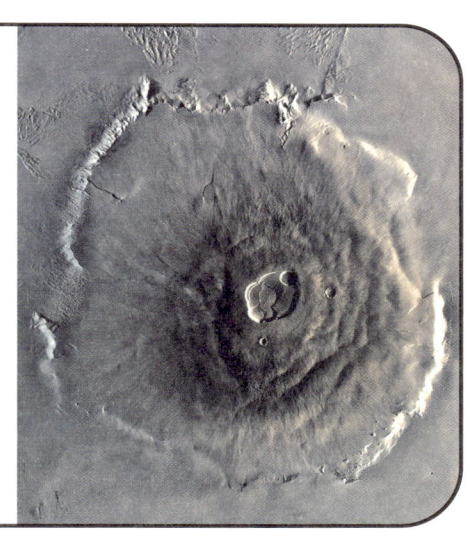

태양계 최고의 협곡, 매리너스

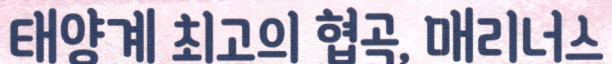 올림포스산을 구경한 뒤에는 매리너스 협곡으로 이동해요.

협곡이요? 좁은 골짜기?

그보다 아주 깊고 거대한 계곡이라고 생각하시면 돼요. 지구에서는 그랜드 캐니언이라는 협곡이 유명한데, 이보다 10배는 더 클 거예요. 아마 태양계에서 가장 큰 규모일 겁니다.

여기도 야옹88을 타고 가나요?

당연하죠. 길이가 무려 4,000킬로미터라고요.

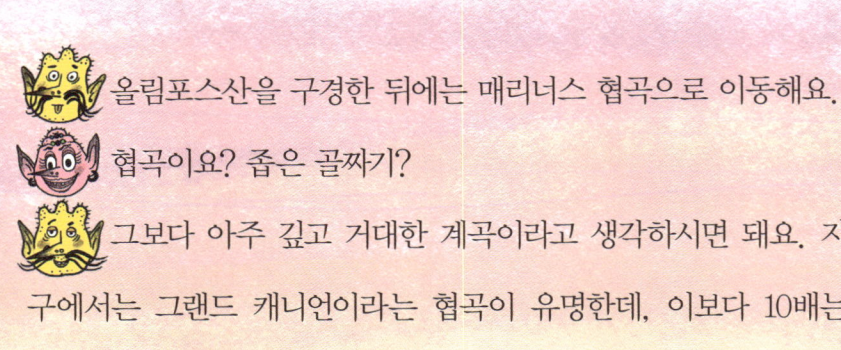

레인77의 우주 빅데이터

소행성은 무엇인가요?

소행성은 행성이 되지 못한 천체예요. 지름이 500km가 넘는 것부터 10미터 미만인 것까지 크기가 다양해요. 주로 화성과 목성 사이에 분포하고 있지요. 니어-슈메이커(NEAR-Shoemaker)호는 에로스(Eros)라는 소행성을 탐사하기 위해 가는 도중, 마틸드(Mathilde)라는 소행성을 만났어요. 조사해 보니 이 소행성은 몇몇 소행성의 조각들이 모여 합쳐진 것이었어요. 이를 통해 소행성들은 서로 충돌하며 작게 나뉘어 존재하거나, 몇몇 덩어리끼리 뭉쳐져 존재한다는 걸 알게 되었죠.

태양계의 소행성은 몇 개나 되나요?

현재까지 발견된 소행성은 지름 1km가 넘는 것만도 100만 개가 넘어요. 그런데 이 중에는 우리나라에서 발견한 것도 있답니다. 우리나라에서 발견한 첫 번째 소행성에는 '통일'이라는 이름을 붙였어요. 이외에도 보현산, 최무선, 이천, 장영실, 허준, 홍대용 등 지명이나 역사적인 인물의 이름을 붙인 것들도 있답니다.

소행성대는 왜 화성과 목성 사이에 있나요?

태양과 태양계 행성들 사이의 거리에는 일정한 규칙이 있을까요? 티티우스-보데 법칙은 태양계 행성들이 태양으로부터 일정한 거리를 두고 위치한다는 법칙이에요. 이 법칙은 그다지 신뢰받지 못하다가 1781년 천왕성이 발견된 뒤, 천왕성의 궤도가 티티우스-보데 법칙과 일치하면서 다시 주목받기 시작했지요. 그런데 이 이론에 따르면 화성과 목성 사이에 하나의 행성이 존재해야 했답니다. 그러다 1801년에 세레스(Ceres, 현재는 왜소행성)라는 소행성이 처음 발견되었고, 그 뒤로도 비슷한 궤도 위치에서 소행성들이 계속 발견되었어요. 이것들이 주로 발견된 화성과 목성 사이의 지역을 소행성대(Astroid belt)라고 하지요.

이곳은 태양과 목성의 중력이 반대 방향으로 작용하는 지점이에요. 그래서 행성이 만들어지지 못한 채 수백만 개의 소행성이 존재하게 되었답니다.

다섯 번째 여행지 목성

내가 조금만 더 컸으면 너희는 태양을 두 개 갖게 됐을 거야~.

Q 목성에는 정말 땅이 없을까?

가장 큰 행성, 목성

다음 여행지는 태양계에서 가장 큰 행성, 목성입니다.

저 깜짝 놀랐잖아요. 지름이 지구의 11배가 넘더라고요!

아마 목성이 조금만 더 컸더라면 태양계는 아마 태양 – 목성계로 불렸을지도 몰라요. 저는 목성을 '태양계의 패셔니스타'라고 부르고 싶어요. 알록달록한 줄무늬가 그려진 게, 참 화려하지 않나요?

흠, 알록달록은 아니고…, 우리 집 나무 식탁 무늬가 떠오르네요.

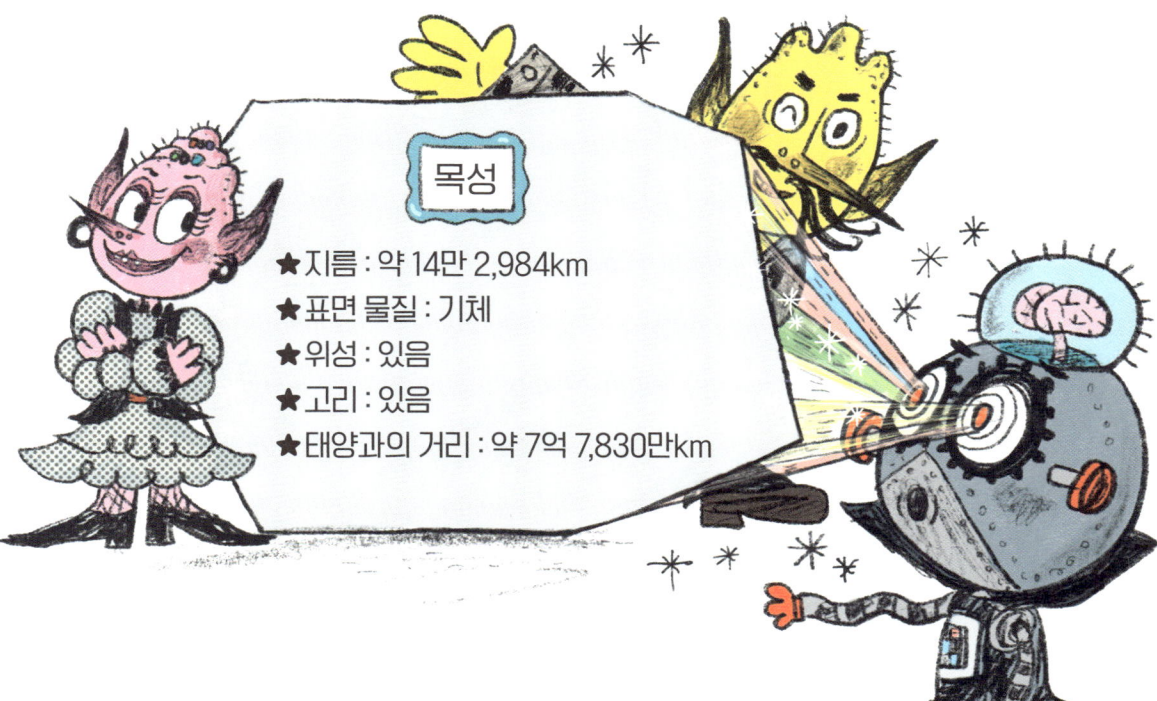

목성
- ★ 지름 : 약 14만 2,984km
- ★ 표면 물질 : 기체
- ★ 위성 : 있음
- ★ 고리 : 있음
- ★ 태양과의 거리 : 약 7억 7,830만km

그나저나 줄무늬는 왜 생긴 건가요? 흙색은 흙이고, 하얀색은 눈인가요? 지구도 멀리서 보면 흙색은 육지고 파란색은 바다잖아요.

에휴, 그랬으면 참 평화롭겠지만 아니랍니다. 화려한 줄무늬를 들여다보면 **거대한 가스 덩어리가 소용돌이치고 있죠. 온도 차이에 따라 색이 다르게 보이는 것뿐이고요.**

가스 덩어리요? 그럼 지구나 화성처럼 야옹88이 착륙할 수 있는 땅이 없나요?

목성은 대기층이 정말 두꺼워요. 높이가 지구 지름의 11배가 넘죠. 주로 수소와 헬륨 등의 가스로 이루어졌는데 폭풍처럼 요동을 치고 있어서 웬만한 탐사선은 대기를 뚫고 들어가기도 어려워요. 목성의 표면은 아마도 고체와 액체 중간 정도 되는 질퍽질퍽한 상태일 거예요.

살짝 녹은 팥빙수 정도?

오, 괜찮은 비유네요. 사실 내부는 연구 중이에요. 밝혀지지 않은 게 더 많죠.

어머나, 저건 뭐죠? 주황색 타원 모양 점이 보여요!

 네, 저건 대적점이라고 하는 거대한 소용돌이예요. 지구 크기의 3배 정도지요. 대적점은 1655년에 카시니라는 사람이 발견했는데, 지금도 그대로예요.

 아니, 어떻게 300년이 넘도록 소용돌이가 멈추지 않죠?

 그건 목성의 자전 속도 때문이에요. 목성에서 하루는 지구 시간으로 9시간밖에 되지 않지요.

 수성은 자전 속도가 너무 느려서 문제더니…, 목성은 자전 속도가 빨라서 문제네요!

 허허… 뭐, 문제랄 것까지야. 어쨌거나 목성은 지구보다 지름이 11배나 더 큰데, 한 바퀴 도는 시간이 훨씬 짧다는 거니까.

어머머, 행성들의 자전 속도가 정말 천차만별이네요!

TIP 태양계 행성 자전 속도 비교

 59일

 243일

 23시간 56분

 24시간 36분

9시간 55분

그야말로 어마어마하게 빠른 속도로 도는 거죠. 그러니 소용돌이가 멈추기 쉽지 않겠죠?

아휴, 대기가 조용한 날이 없겠어요.

10시간 40분   17시간 14분   16시간

 제가 목성에 붙여 준 별명이 하나 더 있습니다.

 어머, 패셔니스타 말고 또요?

 네, 바로 태양계 지구 수비 대장이죠.

 아하! 알 것 같아요. 지구를 지켜 주니까!

 네, 그렇죠. 목성은 크기가 큰 만큼, 중력이 미치는 범위가

상당히 넓죠. 덕분에 지구로 다가오는 소행성이나 혜성이 지구가 아닌, 목성으로 끌려 들어가는 것이고요. 목성이 조금만 더 컸으면 우리는 두 개의 항성을 가진 곳을 여행하고 있겠죠? 영화 스타워즈에 나오는 '타투인 행성'처럼요. 자, 목성을 드라이브하면서 영화 한 편 감상하시죠!

어머, 그런데 목성 주위에 위성이 많네요. 워낙 큰 행성이니까, 위성도 많나 봐요.

네, 놀라지 마세요! 목성의 위성은 현재까지 발견된 것만 79개나 된답니다.

어머나, 그렇게나 많아요?

과학 기술이 발전하면서 점점 더 많이 발견하고 있죠. 그중에서 갈릴레오 갈릴레이가 발견한 위성 4개를 소개해 드릴게요. 이오, 유로파, 가니메데, 칼리스토예요.

누구요? 갈릴레이?

네, 지구의 유명한 학자인데, 자신이 만든 망원경으로 이 위성들을 찾아냈죠. 행성은 다르지만 정말 존경스러워요.

레인77의 우주 빅데이터

지구형 행성과 목성형 행성의 차이는?

태양계 행성은 여러 가지 기준에 따라 분류할 수 있어요. 표면 물질이 암석이냐 아니냐에 따라 지구형 행성과 목성형 행성으로 구분하지요.

지구형 행성
표면이 암석이나 금속 등 고체 물질을 주성분으로 하는 행성이에요. 딱딱한 지표면이 있어 우주선이 착륙할 수 있지요. 수성, 금성, 지구, 화성이 지구형 행성이에요.

목성형 행성
수소나 헬륨 같은 기체를 주성분으로 하는 행성이에요. 지구형 행성처럼 딱딱한 지표면이 없어 우주선을 타고 가도 착륙해서 탐사를 할 수 없어요. 목성, 토성, 천왕성, 해왕성이 목성형 행성이지요. 요즘에는 행성 탐사 기술의 발전으로 목성과 토성을 목성형 행성, 천왕성과 해왕성을 얼음형 행성으로 분류하기도 해요.

	구성	질량	위성
지구형 행성	고체(암석,금속)	작다	없거나 적음
목성형 행성	기체	크다	많음

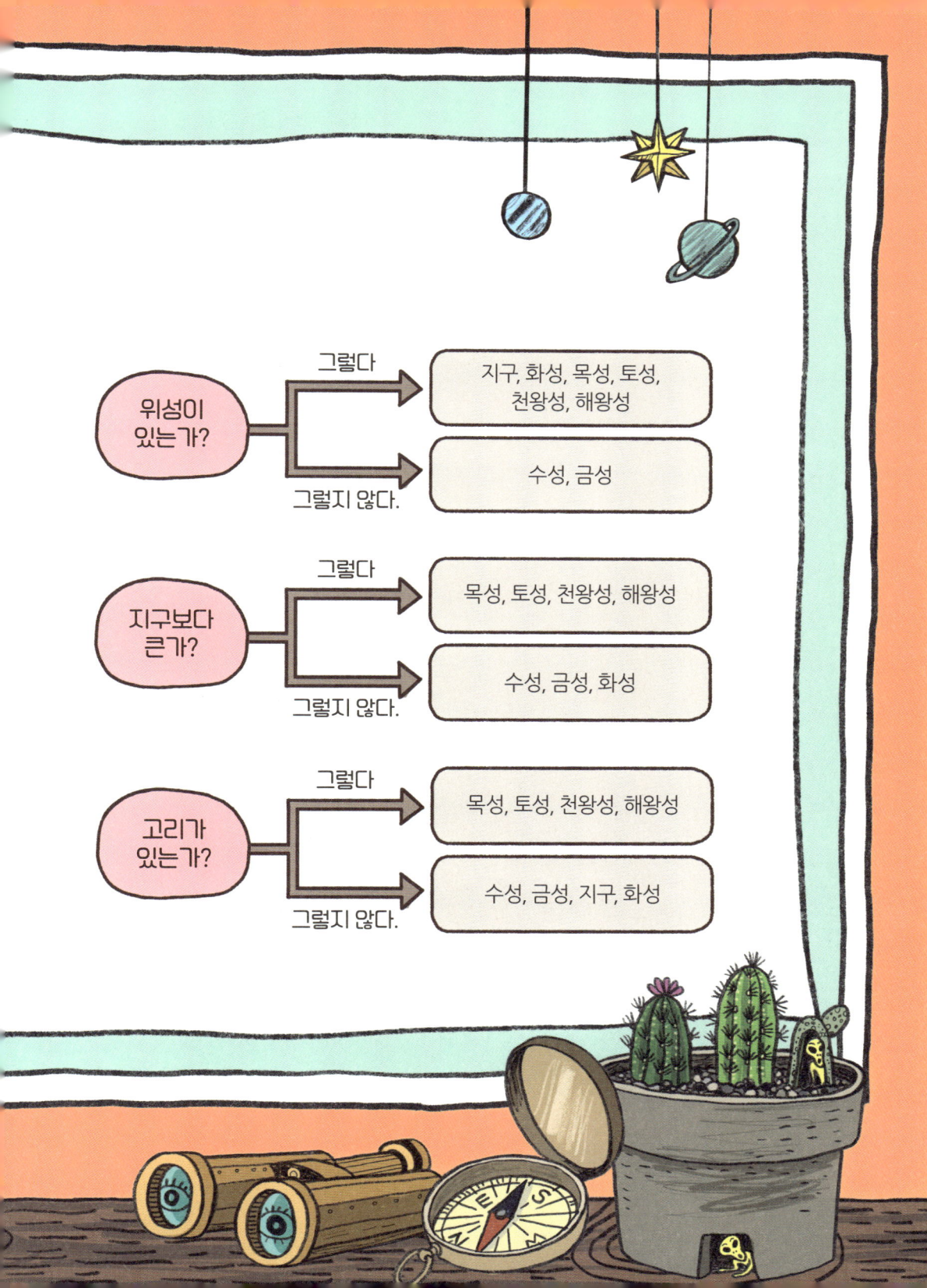

아름다운 고리, 토성

어머나, 저 행성은 훌라후프를 하고 있네요!

훌라후프요? 흠, 그렇게 보이기도 하네요. 저 행성은 토성입니다. 태양계 행성 중 목성에 이어 두 번째로 크지요. 목성처럼 수소와 헬륨으로 구성되어 있어요.

토성은 멀리서 봐도 한눈에 알겠어요! 고리가 너무 매력적이군요!

사실 눈에 잘 띄지 않아서 그렇지 목성에도 고리가 있답니다. 앞으로 여행할 천왕성과 해왕성도 고리가 있죠.

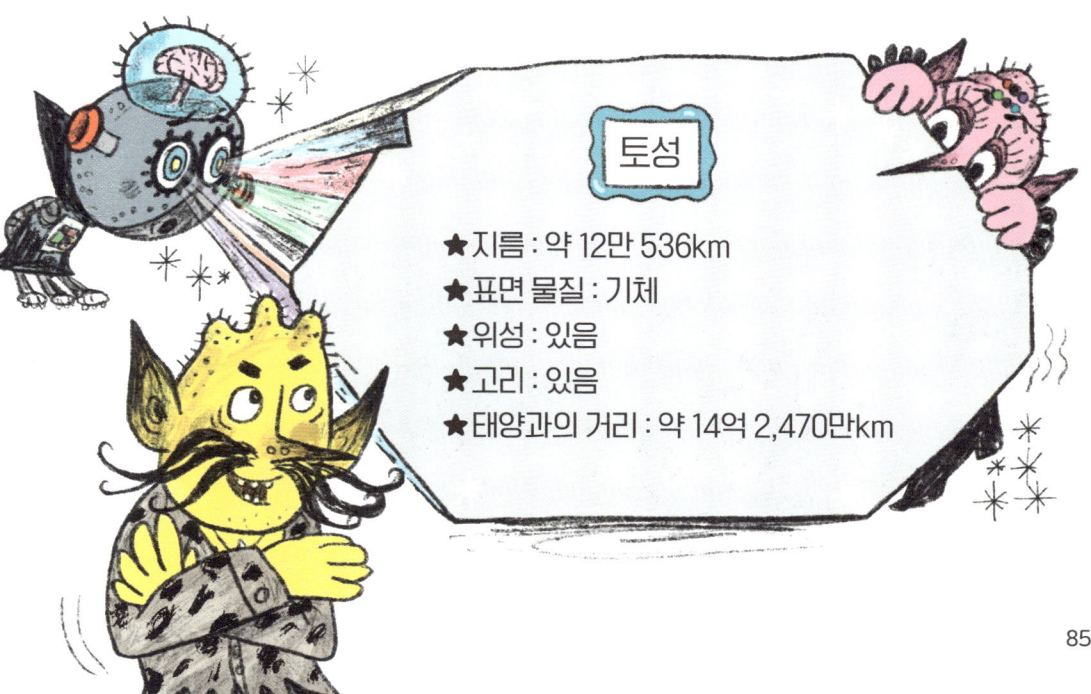

토성
- ★지름 : 약 12만 536km
- ★표면 물질 : 기체
- ★위성 : 있음
- ★고리 : 있음
- ★태양과의 거리 : 약 14억 2,470만km

고리의 정체는 무엇일까?

어머나, 그래요? 그래도 토성의 고리만큼 아름답진 않을 거예요. 저 위에서 자동차를 타고 달리면 정말 멋질 것 같은데요?

가까이 가면 그런 생각 안 드실 거예요. **고리는 대부분 얼음덩어리고 암석과 먼지도 섞여 있거든요.** 수많은 얇은 고리들이 간격을 두고 나열되어 있죠.

그럼 그냥 야옹88을 타고 구경해야겠네요.

네, 안 그래도 토성의 첫 번째 여행 코스는 바로 고리 여행입니다! 고리를 따라 한 바퀴 빙 돌아보시죠!

어머, 갈릴레이님! 또 나타나셨네요!

토성이 물에 뜬다고?

 고리 드라이브가 끝나면 토성의 북극으로 갑니다!

 무늬가 보이네요.

 네, 육각형 모양 구름이죠.

 신기하네요. 우리가 보는 구름은 모양이 일정하지가 않잖아요. 그때그때 변하는데…. 이건 계속 같은 모양인가요?

 네, 이 구름을 처음 발견한 건 보이저호인데요. 40여 년 전 발견한 뒤로 계속 같은 모양입니다. 이 구름이 왜 만들어지는지 알지 못하다가, 토성 탐사선 카시니호가 수집한 자료를 연구해 그 비밀을 알아냈죠.

 어머나, 뭔데요?

 지구의 허리케인보다 4배 이상 빠른 소용돌이로 밝혀졌어요. 지구 2개를 삼키고도 남는 크기랍니다.

그나저나 선생님, 스튜디오에 웬 미니 풀장을 설치하셨어요?

네, 나몽땅님께 재미있는 걸 구경시켜 드리려고요. **토성의 밀도는 매우 낮아요.** 물의 밀도가 $1g/cm^3$인데, 토성은 $0.7g/cm^3$이거든요. 만약 토성을 담을 수 있는 커다란 통에 물을 채우고 토성을 띄우면 어떻게 될까요?

 흠, 그런 물통이야 없겠지만, 물에 뜰 것 같은데요?

 맞습니다! 토성이 물에 둥둥 뜨는 상상을 해 보세요!

토성의 위성에 생명체가?

토성에는 위성이 82개나 있어요. 그중 과학자들이 가장 관심을 두는 위성은 바로 '타이탄'과 '엔켈라두스'랍니다. 현재 지구를 제외하고 태양계에서 물이 있다고 생각되는 천체는 타이탄과 엔켈라두스, 그리고 목성의 위성인 유로파예요.

어머나, 물이 있다면 혹시 생명체가?

특히 타이탄은 태양계 위성 중 유일하게 지구처럼 질소가 풍부한 대기층이 있어요. 태양계에서 두 번째로 큰 위성으로 강과 바다, 호수가 있다는 증거도 발견되었지요. 지구와 비슷한 기상 현상이 관측되기도 했고요.

엔켈라두스에도 물이 있나요?

네, 이 위성에서 물이 뿜어져 나오는 모습이 관측되었어요. 너무 추워서 분출되자마자 곧바로 얼음 알갱이로 변하는데, 일부는 토성의 고리가 되기도 한답니다. 과학자들은 엔켈라두스에 생명체가 살 것이라는 희망을 품고 있어요.

우리한텐 물이 있어!

타이탄 엔켈라두스 유로파

레인77의 우주 빅데이터

우주 탐사는 언제부터 시작되었을까?

우주 탐사는 미국과 러시아(옛 소련)의 경쟁으로 시작되었어요. 우주 탐사 초기에는 소련이 미국보다 앞섰답니다. 소련이 1957년, 최초의 인공위성 스푸트니크 1호를 쏘아 올렸거든요. 또한 소련은 최초로 우주에 생명체(우주개 라이카)를 보냈어요. 그리고 마침내 1961년, 인류 최초의 우주 비행사 유리 가가린이 탄생했지요.

혹시 최초로 달 착륙에 성공한 나라를 알고 있나요? 달에 최초로 사람을 보낸 나라는 미국이에요. 1969년 아폴로 11호가 달에 사람을 보내는 데 성공했지요. 하지만 달에 최초의 무인 우주선을 착륙시킨 나라는 소련이랍니다. 소련은 1966년에 루나 9호를 착륙시켰지요.

당시 우주 탐사는 여러 나라의 경쟁이 치열했어요. 하지만 지금은 전 세계가 협력하며 우주 탐사를 하고 있어요. 그 대표적인 예가 바로 국제 우주 정거장(ISS)이죠. 국제 우주 정거장은 러시아, 미국, 캐나다 등 많은 국가들이 건설에 참여했는데, 과학자들이 교대로 머물며 여러 가지 실험을 하고 있어요.

가장 많은 탐사선을 보낸 행성은?

가장 많은 탐사선을 보낸 행성은 바로 화성이에요. 지구와 가까운 데다 생명체가 존재할 가능성이 있는 행성이니까요. 화성 탐사를 위해 무려 50회가 넘게 탐사선이 발사되었고, 2018년부터 2022년까지는 '인사이트'라는 탐사선이 활동했어요. 2020년 7월 30일에는 NASA(미국 항공우주국)에서 '퍼서비어런스'라는 탐사 로버를 발사했어요. 퍼서비어런스는 2021년 2월 18일에 화성에 도착해서, 생명체의 흔적을 찾고 흙과 돌을 채취하여 모아 두는 임무를 수행하고 있어요. 다른 우주선이 그것을 지구로 가져올 예정이지요.

국제 우주 정거장(ISS)

일곱 번째 여행지 천왕성 해왕성

Q 천왕성과 해왕성에선 왜 방귀 냄새가 날까?

태양계 끝의 쌍둥이 행성

 이제 태양계의 끝으로 가 볼까요? 천왕성과 해왕성!

 두 행성은 꼭 쌍둥이 같네요! 빛깔도 파랗고요~.

 나몽땅님! 두 행성의 온도는 어느 정도일까요?

 아무래도 태양에서 멀리 떨어져 있으니까 좀 춥겠죠?

 추운 정도가 좀 심하죠. 영하 200도보다 낮거든요.

 영하 200도요? 오 마이 갓!

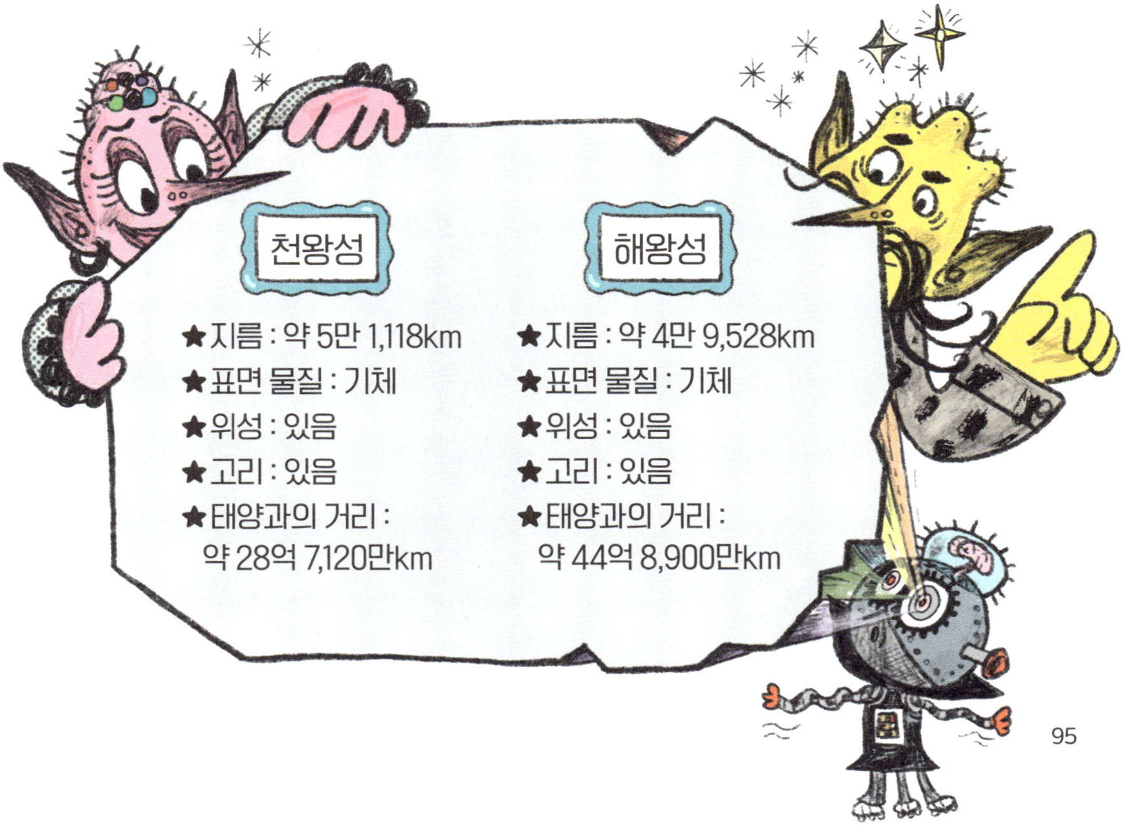

천왕성

- ★지름 : 약 5만 1,118km
- ★표면 물질 : 기체
- ★위성 : 있음
- ★고리 : 있음
- ★태양과의 거리 : 약 28억 7,120만km

해왕성

- ★지름 : 약 4만 9,528km
- ★표면 물질 : 기체
- ★위성 : 있음
- ★고리 : 있음
- ★태양과의 거리 : 약 44억 8,900만km

누워서 도는 천왕성

먼저 천왕성부터 가 볼까요? 천왕성은 태양계에서 세 번째로 큰 행성이죠.

그런데 선생님! 천왕성의 색은 정말 오묘해요. 민트색 사탕 같기도 하고요~.

네, 천왕성의 푸른빛은 메탄이라는 기체 때문이에요. 햇빛을 받으면 증발해 안개를 만들죠.

안개 낀 행성이라…. 어머나? 그런데 천왕성은 다른 행성과

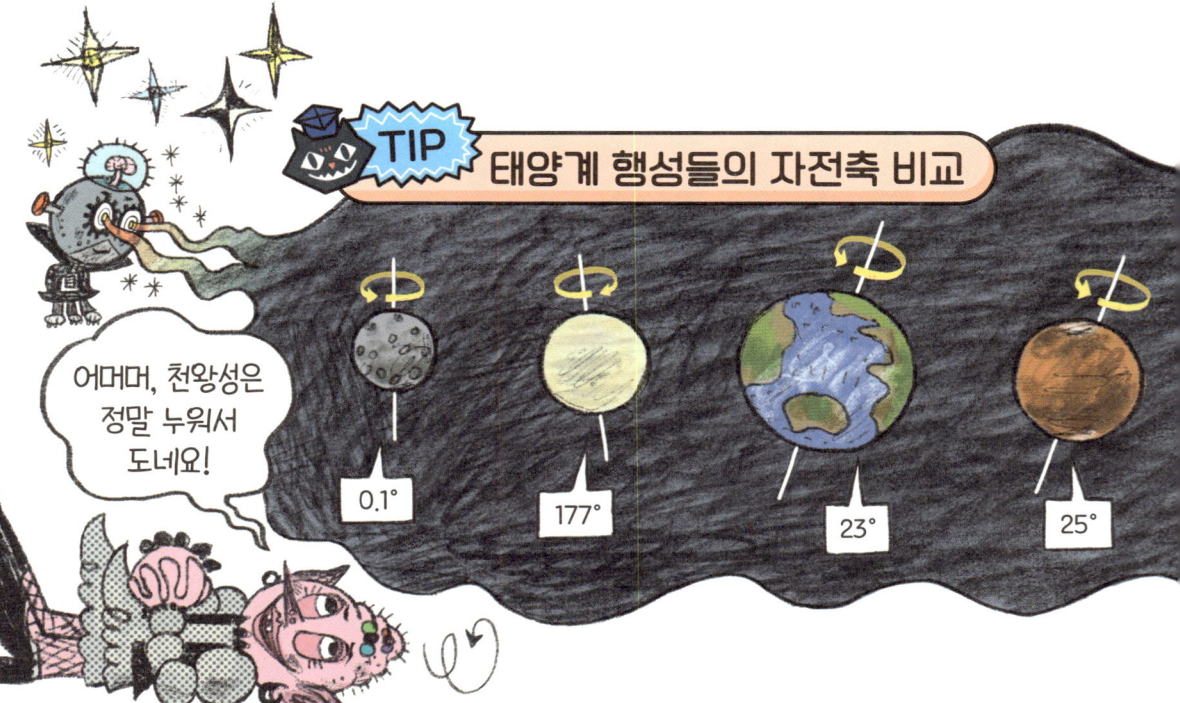

어머머, 천왕성은 정말 누워서 도네요!

TIP 태양계 행성들의 자전축 비교

0.1°   177°   23°   25°

좀 달라 보여요. 왜 저렇게 돌고 있죠? 누워서 돌고 있어요!

하하, 맞아요. **천왕성은 자전축이 100도 가까이 기울어져 있답니다.** 거의 누워서 태양을 돌고 있죠. 그러다 보니 계절 변화도 지구와는 좀 달라요. 게다가 공전 주기가 84년이어서 봄, 여름, 가을, 겨울이 각각 21년씩 이어져요.

태양 한 바퀴 도는 데 84년이 걸린다고요? 오 마이 갓!

으앗, 방귀 냄새!

자, 이곳 태양계의 끝에서 마지막으로 멋진 추억을 만들어볼까요?

어머, 기대되는데요? 설마 천왕성에서 스키 타기?

훨씬 더 흥미진진한 체험이랍니다. 바로바로~ 천왕성 냄새 맡기!

냄새 맡기요? 혹시 천왕성에서 빵 굽는 냄새라도 나는 건가요?

뭐, 구수하긴 합니다! 바로 방귀 냄새죠! 메탄 성분이 구수한 방귀 냄새를 내거든요. 더욱 중요한 건 다음 여행지인 해왕성까지 냄새가 이어진다는 거예요. 해왕성도 메탄 성분으로 이루어져 있답니다.

마지막 행성 해왕성으로 고고!

태양계 행성 여행의 마지막 코스! 해왕성을 볼 차례군요. 태양으로부터 무려 45억km 떨어져 있는 태양계의 마지막 행성, 해왕성입니다. 천왕성과 닮은 점이 많은 행성이죠.

방귀 냄새가 나는 걸 보면…, 정말 쌍둥이 같네요.

하지만 기후의 차이는 크답니다. 천왕성은 고요한 행성인 반면, **해왕성에는 태양계에서 가장 빠른 바람이 불거든요.** 시속 1,200킬로미터로 엄청나게 빠른 바람이죠. 또 해왕성에서는 목성의 대적점과 비슷한 소용돌이도 발견되었답니다. 바람이 발생하려

면 에너지가 필요해요. 그런데 태양으로부터 가장 멀어서, 태양한테 받는 에너지가 지구의 900분의 1정도로 작은 행성에 어떻게 바람이 부는 걸까요? 과학자들은 해왕성 내부에서 엄청난 에너지가 나오는 게 아닐까 추측하고 있어요.

태양 한 바퀴 도는데 165년!

해왕성은 태양에서 멀리 떨어져 있어서 공전 주기도 굉장히 길어요. **태양을 한 바퀴 도는 데 무려 165년이 걸리거든요.** 1846년에 발견된 해왕성은 2011년에야 태양을 겨우 한 바퀴 돌아 발견 당시 있었던 곳으로 돌아왔답니다.

오 마이 갓! 천왕성의 공전 주기가 84년인데, 해왕성은 거의 두 배나 더 걸리네요! 태양을 한 바퀴 돌면 힘이 쭉 빠지겠어요.

흥미로운 건 지구인들이 해왕성을 망원경으로 보지도 않고 찾아냈다는 거예요.

보지도 않고요? 어떻게 그게 가능하죠?

1821년, 프랑스의 천문학자 부봐르는 천왕성을 관찰하면서 천왕성의 위치가 계산된 위치와 다르다는 걸 알았어요. 그래서 지구인이 아직 모르는 미지의 천체가 천왕성 궤도에 영향을 줄 거라고 생각했지요.

훗, 놀랐어요? 우주의 신비를 밝히려면 수학이 꼭 필요하답니다!

그 후 수학자 르베리에가 수학적 계산으로 미지의 천체가 있는 위치를 예측했고 결국 1846년, 예상한 곳에서 해왕성이 발견되었지요. 정말 놀랍지 않나요?

휴, 수학자들의 머릿속은 정말 알 수가 없네요! 아무튼 대단합니다!

레인77의 우주 빅데이터

명왕성은 왜 행성에서 제외되었을까?

명왕성은 1930년 미국의 천문학자 클라이드 톰보가 발견했어요. 이후 75년 동안 행성으로 불려왔지만, 2006년 행성의 자리에서 물러나고 말았지요. 명왕성은 왜 행성에서 제외되었을까요?

2006년 8월 24일, 국제천문연맹(IAU, International Astronomical Union)은 체코의 프라하에서 열린 제26차 총회에서 최초의 소행성 세레스와 행성인 명왕성, 그리고 2005년에 발견된 소행성 에리스 등 3개의 천체를 왜소행성(dwarf planet)으로 새롭게 분류했어요. 에리스는 명왕성보다 크고, 위성을 가지고 있으며, 태양을 공전하고 있었어요. 그러니 명왕성을 계속 행성으로 놔두면, 에리스도 행성으로 인정해야 할 상황이었지요. 결국 명왕성은 행성 자리에서 물러나고 말았답니다.

에리스만 아니었어도 행성일 수 있었는데!

2005년 국제천문연맹 총회에서 왜소행성을 다음과 같이 정의했어요.
① 태양을 중심으로 궤도를 갖는다.
② 원형의 형태를 유지하는 중력을 가질 수 있도록 충분한 질량을 갖는다.
③ 궤도 주변의 다른 천체들을 흡수할 수 없다.
④ 다른 행성의 위성이 아니어야 한다.

이러한 조건으로 2008년에 하우메아와 마케마케라는 천체도 왜소행성이 되었어요.

2006년 국제천문연맹 총회에서 행성을 다음과 같이 정의했어요.
① 태양을 공전하고 있으며
② 구 모양으로 충분히 큰 질량과 자체 중력을 가져야 하며
③ 자신이 공전 궤도 주변의 작은 천체를 압도할 수 있어야 한다.

밝게 빛나는 별은 큰 별일까?

밤하늘의 별을 보면 어떤 별은 크고 밝게 보이지만, 어떤 별은 작고 희미하게 보여요. 별은 클수록 밝게 빛나 보일까요? 별의 밝기는 별의 크기, 온도, 지구와의 거리에 따라 달라진답니다. 별이 클수록, 온도가 높을수록, 지구와 가까울수록 밝게 보이지요. 예부터 사람들은 별을 관찰하며 그 밝기에 따라 별을 분류해 왔어요. 별의 밝기를 나누는 방법은 겉보기 밝기와 실제 밝기가 있답니다. 겉보기 밝기는 우리 눈에 보이는 밝기로 등급을 매긴 것이고, 실제 밝기란 별이 모두 지구에서 같은 거리에 있다고 생각했을 때의 밝기예요.

돌아오는 길, 환상의 파티가 펼쳐져요!

 자, 이제 레인보우자나로 돌아갈 시간이네요.

 너무 아쉬워요. 일주일이 정말 짧네요. 돌아가는 길에, 여행의 아쉬움을 달래 줄 멋진 파티가 열린다면서요?

 네, 맞습니다. 지구인들의 파티처럼 즐겨 볼 거예요. 혹시 뷔페라고 들어보셨나요?

 양꼬치는 들어봤지만…, 뷔페라는 말은 처음 들어요.

 하하, 수많은 음식을 쫙 차려 놓고 먹고 싶은 걸 골라 먹는 식당이랍니다. 지구를 대표하는 맛있는 음식들이 기다리고 있죠.

 환상적이네요! 레인보우자나에도 뷔페가 곧 생기겠죠?

별은 어떻게 탄생할까?

맛있는 식사를 하시면서 운이 좋으면, 갓 태어난 별도 볼 수 있어요.

갓 태어난 별이요? 어머나, 그럼 아기처럼 귀여운 별일까요? 그리고 보니 별은 어떻게 탄생하는 걸까요?

오호, 궁금하시다면 알려 드려야죠. 그 전에 질문을 드릴게요. 별과 별 사이에는 무엇이 있을까요?

별과 별 사이에는… 아무리 봐도, 아무것도 안 보이는데요?

하하, 눈으로 보기엔 그렇죠? 잘 보이지는 않지만, **별과 별 사이에는 성간 물질이 존재해요.**

성간 물질이요?

성운의 형성

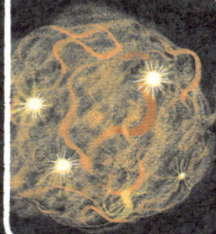

수소, 헬륨 등의 성간 물질이 모여 질량이 커지고 중력에 의해 수축하면서, 밀도가 높은 가스 구름, 즉 성운을 형성해요.

원시별의 생성

성운 중심부의 밀도가 점점 높아져 서서히 온도가 높아지면서 빛이 나게 되는데, 이를 원시별이라고해요.

네, 수소와 헬륨, 먼지 등이 원자나 분자 상태로 존재하는 거죠. 안개가 많이 낀 날, 가로등 주변이 뿌옇게 보이는 것처럼요. 별은 바로 이 공간에서 태어나요. 성간 물질이 모여 뭉치면서 질량이 커지고, 질량이 커지면 중력이 생겨 수축하게 되거든요. 그 과정에서 중심부의 온도와 밀도가 점점 높아지면 원시별을 거쳐, 별이 되죠.

말만으로도 정말 오랜 시간이 걸릴 것 같아요.

맞아요. 원시별에서 별이 되는 데만 150만 년 정도가 걸리니까요.

어머나~. 아기라고 하기엔 너무 거대하네요.

별의 탄생

원시별은 기체와 먼지를 계속 끌어 모으면서 밀도와 온도가 엄청나게 높아져요. 이 과정에서 핵융합 반응이 일어나는데, 이때부터 진짜 별이 되어요.

별은 어떻게 사라지는 걸까?

그런데…, 태양도 언젠가는 사라진다면서요. 별은 어떻게 사라질까요? 갑자기 뽕! 하며 사라지진 않겠죠?

하하, 태어날 때도 오래 걸렸으니, 사라지는 데도 오래 걸리겠죠? 별이 사라지는 과정은 크기에 따라 두 종류로 나뉘어요. 태양을 기준으로 질량이 태양의 10배 이하의 별을 작은 별이라고 하고, 10배 이상이 되는 별을 큰 별이라고 해 봅시다. **작은 별은 적색 거성으로 변했다가 서서히 빛을 잃으며 백색 왜성이 되어요.**

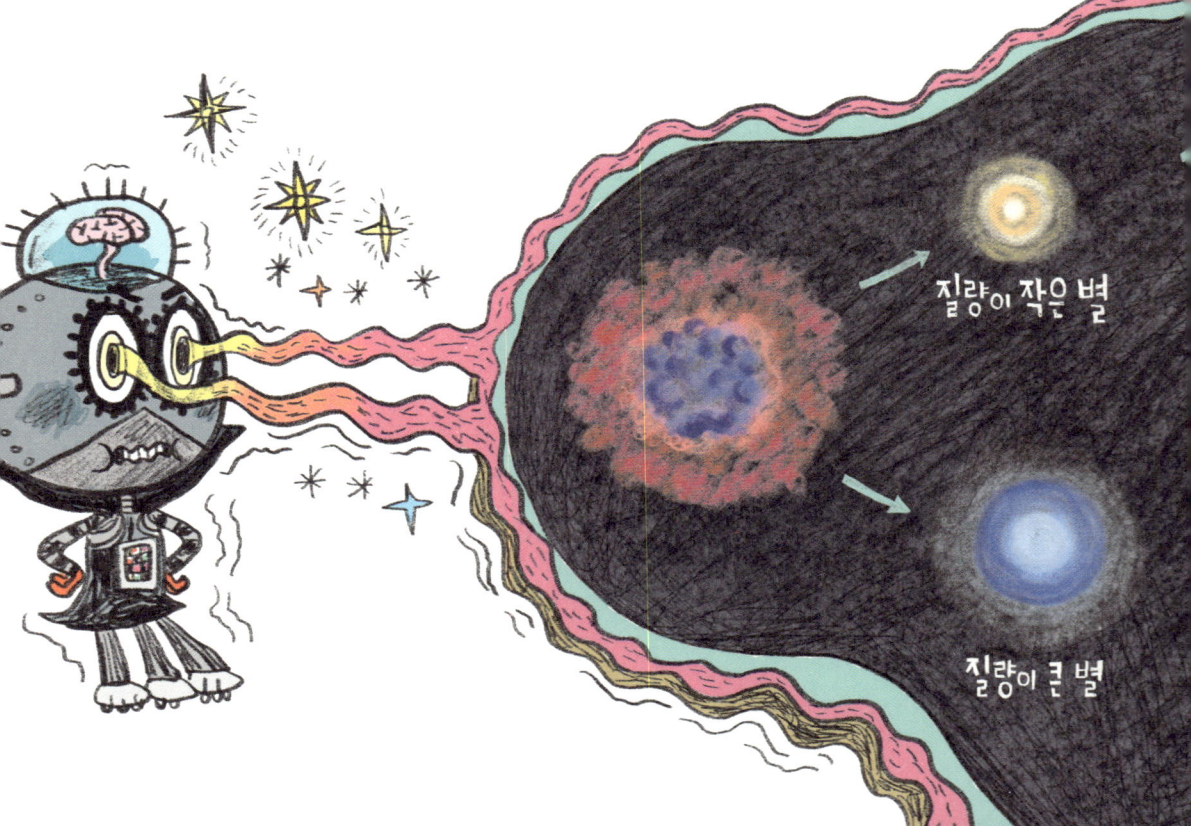

태양보다 훨씬 더 큰 별은 엄청나게 커졌다가 초신성 폭발을 거치지요. 그 결과 중성자별이 되거나, 블랙홀이 되는 거예요.

 흑흑…. 슬프네요. 그야말로 별의 죽음이군요.

 너무 슬퍼하지 마세요. 태양같은 별이 태어나서 사라지는 데는 최소 100억 년은 걸리니까요. 참 긴 세월이죠!

별은 사라지기 전에 밝게 빛나는군요!

적색 거성 → 행성상 성운 → 백색 왜성

적색 초거성 → 초신성 폭발 → 중성자 별 / 블랙홀

우주의 무덤, 블랙홀

 그나저나 별이 죽어서 블랙홀이 되다니, 어떻게 그럴 수가 있죠? 블랙홀은 뭐든 빨아들이는 거 아닌가요?

 그렇죠. 잘 알고 계시군요!

 별은 힘이 다 빠져서 사라지는 줄 알았는데…, 블랙홀은 힘이 남아도는 거잖아요?

 하하, 하긴 그렇군요. 아까 큰 별이 사라질 때 초신성 폭발이 일어난다고 말씀드렸죠? **이때 별의 중력이 어떠한 힘보다 강할 경우, 별의 중심은 하나의 점으로 쪼그라들게 되는데, 그게 바로 블랙홀이죠.** 블랙홀은 중력이 엄청나기 때문에 그 어떤 것도 맞설 수 없어요. 눈에 보이는 형체는 없지만, 빛조차도 빠져 나올 수 없는 공간이에요. 우주를 돌아다니면서 주변의 별들을 닥치는 대로 집어 삼킨답니다.

 어머, 무서워라. 혹시 야옹88도 블랙홀을 만났나요?

 아직은 없답니다. 만약 블랙홀을 지나야 한다면, 야옹88도 무사하지 못할 거예요.

자, 여러분! '다가본과 함께하는 특별한 7일' 정말 흥미진진한 여행이 되겠죠? 말씀드리는 순간, 100명 마감! 매진되었습니다! 자, 이제 여행 준비만 하시면 되겠어요!

아, 너무너무 기대돼요. 제가 사랑하는 태양계를 여러분께 알릴 수 있다니, 정말 기뻐요. 우주여행에 싫증 나신 분들도, 지구를 한번 둘러보시면 100번이고 가고 싶으실 거예요. 야옹88과 레인77도 여러분과 함께합니다! 자, 그럼 태양계에서 만나요! 안녕!

초등과학Q 10

우주 홈쇼핑
다가본과 함께하는 태양계 여행

초판 1쇄 발행 2021년 1월 15일
초판 6쇄 발행 2025년 3월 5일

글 장형규 | **그림** 김이랑 | **감수** 이정모
편집 전현정 | **디자인** 양X호랭 DESIGN
제작 박천복 김태근 고형서
펴낸이 김경택
펴낸곳 (주)그레이트북스
등록 2003년 9월 19일 제313-2003-000311호
주소 서울시 구로구 디지털로31길 20 에이스테크노타워5차 12층
대표번호 (02) 6711-8673
홈페이지 www.greatbooks.co.kr

ISBN 978-89-271-9745-4 74400
　　　 978-89-271-9560-3(세트)

※이 책은 저작권법에 따라 보호받는 저작물이므로 무단전재와 무단복제를 금합니다.

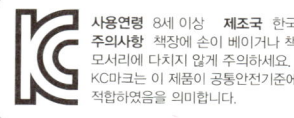

사용연령 8세 이상　**제조국** 한국
주의사항 책장에 손이 베이거나 책 모서리에 다치지 않게 주의하세요.
KC마크는 이 제품이 공통안전기준에 적합하였음을 의미합니다.